本研究获国家社会科学基金（项目编号：09CYY001）
及陕西师范大学优秀著作出版基金资助出版

管辖音系学声调理论研究
——模型构建及应用

贺俊杰 著

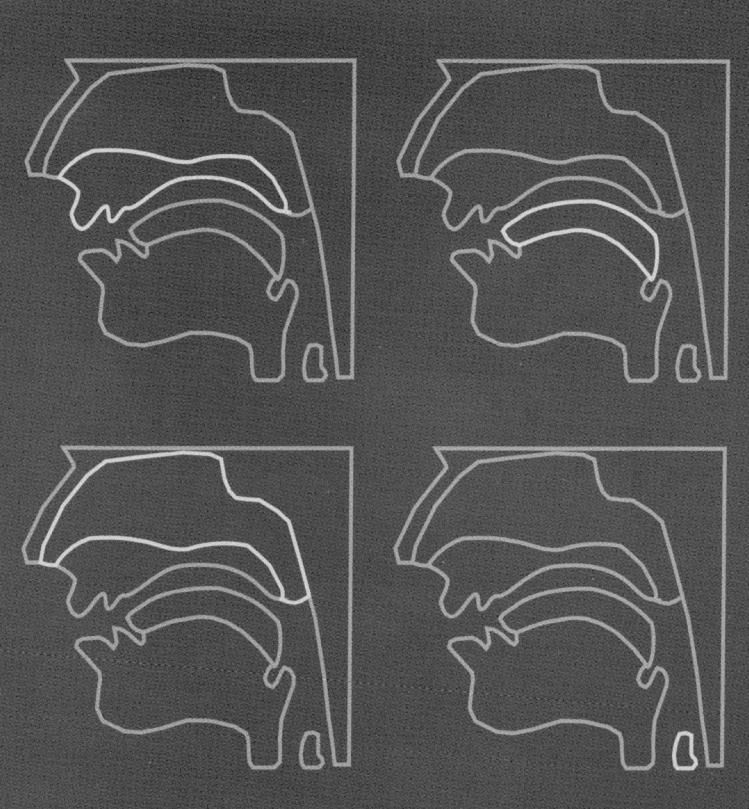

中国社会科学出版社

图书在版编目(CIP)数据

管辖音系学声调理论研究：模型构建及应用 / 贺俊杰著. —北京：中国社会科学出版社，2020.6
ISBN 978-7-5203-5105-8

Ⅰ.①管… Ⅱ.①贺… Ⅲ.①声调—理论研究 Ⅳ.①H014

中国版本图书馆 CIP 数据核字(2019)第 209277 号

出 版 人	赵剑英
责任编辑	任　明
责任校对	夏慧萍
责任印制	李寡寡

出　　版	中国社会科学出版社
社　　址	北京鼓楼西大街甲 158 号
邮　　编	100720
网　　址	http://www.csspw.cn
发 行 部	010-84083685
门 市 部	010-84029450
经　　销	新华书店及其他书店
印刷装订	北京君升印刷有限公司
版　　次	2020 年 6 月第 1 版
印　　次	2020 年 6 月第 1 次印刷
开　　本	880×1230　1/32
印　　张	6.25
插　　页	2
字　　数	141 千字
定　　价	58.00 元

凡购买中国社会科学出版社图书，如有质量问题请与本社营销中心联系调换
电话：010-84083683
版权所有　侵权必究

前　　言

笔者接触管辖音系学是在 2000 年前后。当时，管辖音系学创始人柯翰源（Jonathan Derek Kaye）教授受聘广东省特聘教授，在广东外语外贸大学任教。在校期间，他对汉语普通话和壮语等语言开展了研究，初步提出了面向汉壮语言音段结构描写的模板型表达模型，并在此基础上构建了声调表征理论。在柯教授的课堂上，笔者学习音系学，特别是对管辖音系学的基本理论和方法有了比较深刻的理解。

在柯翰源教授当年的手稿（Kaye, 2001）中，详细阐述了汉语普通话语音系统音段层面的表征问题，同时还提出了声调表征的基本思想。不过，他的声调理论仅仅涉及了表达层面的问题，比如汉语普通话的声调如何表达，壮语的声调系统如何，用以生成汉语普通话或壮语等语言声调系统的允准制约条件如何设置等等。在此文献（Kaye，2001）里，尚没有对变调机制的解释提出完整的理论，仅有一处涉及变调的分析，那就是普通话的上声变调。他对普通话上声的三种不同语音表现（即：在另一上声前读阳平35；强调读法是214；一般情况下读低平调21）尝试着进行解释。他认为，最简单的解释就是声调元素的"删除"操作，或声调元素与音段表达层的断联（delink）。这种分析方法具有很强的形式化特征，符合自主音段音系学的精神，同时分析结果也与语音表达有着很高的契合度。不过，随着柯翰源教授2001年离开中国，这一领域的研究就鲜有进展。作为当年首次探索管辖音系学声调处理理论的文献，Kaye（2001）也是以手稿的形式进行传播，并未正式发表。

在柯翰源教授离开中国7年后，也就是2008年，笔者试图重新梳理他在2001年提出的声调理论，并开始收集各种声调语言的分析文献，试图通过更多的语言来证明管辖音系学声调理论的表达能力。同时，还通过分析连读变调方面重要的方言文献资料，试图完善管辖音系学声调理论对声调音系过程的解释力。2008年10月，笔者进入南开大学外国语言文学博士后流动站，以管辖音系学声调理论及生成音系学传统开展研究。2009年以管辖音系学声调理论构建作为研究课题，获批国家哲学社会科学基金项目。

该项目的目标是打算在管辖音系学关于声调解释的雏形理论（Kaye，2001）的基础上，试图完善声调表征理论和构建声调音系过程解释理论，并运用该理论对汉语若干方言及其他声调语言的声调材料进行分析和解释。通过两年左右的研究，我们试图回答了以下问题：

1. 管辖音系学声调理论关于声调表达的理论构建，这涉及调型的表征及内部结构的分析；
2. 对于声调音系过程的解释，这涉及变调的触发条件有哪些、变调制约又有哪些，以及变调操作有哪些等问题；
3. 调域的表达问题，及其与音系过程的交互关系；
4. 针对诸如天津话所表现出来的变调方向性的解释；
5. 声调音系过程解释中能否引入历时因素，等等。

经过对这些问题的深入探讨，目前所提出的管辖音系学声调理论具有如下特点：能对汉语等声调语言的声调系统进行生成性解释，其表达能力强大，且表征系统简约紧凑；能对汉语中诸如天津话的变调方向性问题、丹阳话的变调复杂性问题、厦门话与德州话变调环流的动因问题等多种变调难题给出了原则性的统一解释。

还有一点需要说明，那就是为了节约行文篇幅，也为了排版上的便利，本书没有过多采用图示的方法，而是采用行文中字母加附加符号的表示方式：字母加着重号表示主位，左向的小于号或右向的大于号分别表示声调元素的左向或右向延伸。这种符号表达方式与 Kaye（2001）以及其他管辖音系学文献所采用的方式虽有区别，但这种表达方式可直接转化为图示的方式。

诚然，这一理论模型尚不完善，也有不少值得进一步研究的地方。比如，声调调型中主位的设置目前是作为参数化的形式提出的。为什么不同的汉语方言在声调主位上的设置有所不同？主位的位置设置有没有更深层次的理据？声调层声调元素与音段层音段表达元素之间的关系如何？这些问题是我们下一步讨论的重点。

鉴于笔者理论水平有限，书中错漏之处难免，所提观点也不一定正确，还请广大读者不吝赐教，批评指正。

贺俊杰

2016年9月于西安

目 录

第一章 绪论 …………………………………………（1）
　第一节 管辖音系学声调理论研究意义 ………………（2）
　　一 理论意义 ……………………………………（3）
　　二 工程学意义 …………………………………（3）
　第二节 管辖音系学声调理论研究的主要内容 ………（4）
　　一 两个阶段 ……………………………………（4）
　　二 三个方面 ……………………………………（5）
　　三 四大问题 ……………………………………（8）
　第三节 管辖音系学声调理论研究的创新之处 ………（9）
第二章 管辖音系学核心思想概述 ……………………（10）
　第一节 管辖关系与音节成分 …………………………（11）

第二节　元素：粲数理论和多元素性程度 …………（12）
  第三节　摒弃规则的生成音系学理论 ……………（12）
  第四节　小结 ……………………………………（14）
第三章　声调理论的提出……………………………（16）
  第一节　调元、调型和声调表达式 ………………（17）
  第二节　声调系统类型 ……………………………（17）
  第三节　允准制约条件 ……………………………（18）
  第四节　主位及延伸 ………………………………（20）
  第五节　小结 ………………………………………（21）
第四章　声调理论的拓展……………………………（23）
  第一节　理论修正和拓展 …………………………（24）
    一　声调结构 …………………………………（24）
    二　管辖关系的重新界定 ……………………（24）
    三　主位设定的重新定义 ……………………（26）
    四　声调音系操作的拓展 ……………………（27）
  第二节　声调系统表达示例 ………………………（29）
    一　广州话声调系统（10个调类）…………（30）
    二　汉语普通话声调系统（4个调类）……（34）
    三　玉林话声调系统（10个调类）…………（34）
  第三节　声调音系过程解释示例 …………………（35）
    一　天津话声调系统 …………………………（35）
    二　天津话连读变调 …………………………（36）
  第四节　讨论 ………………………………………（40）
    一　管辖音系学视角下普通话与天津话"上上
        变调"的异同 ……………………………（40）
    二　管辖音系学解释的简洁性 ………………（41）

第五章 调型的结构……………………………………（43）
第一节 广州话的变调………………………………（44）
一 以往对广州话变调的描写和解释 …………（45）
二 广州话变调的管辖音系学分析 ……………（48）
第二节 环流变调的管辖音系学解释………………（52）
一 厦门话的环流变调 …………………………（52）
二 德州话轻声前变调 …………………………（55）
三 以往对环流变调的解释 ……………………（55）
四 环流变调的管辖音系学解释………………（58）
第三节 小结……………………………………………（66）
第六章 调域的音系价值………………………………（68）
第一节 对"调域"的认识……………………………（68）
第二节 镇江话变调的解释…………………………（70）
一 镇江话的连读变调及轻声概貌 ……………（70）
二 以往研究对镇江话连读变调的解释 ………（73）
三 二字组连读变调的解释……………………（75）
四 轻声表征及解释……………………………（79）
五 多字组连读变调的解释……………………（81）
六 关于调型、调域的调整……………………（81）
七 连读变调与轻声的统一解释………………（82）
第三节 小结……………………………………………（83）
第七章 变调历时因素的共时处理……………………（84）
第一节 丹阳话的变调事实…………………………（86）
一 丹阳话的声调…………………………………（86）
二 二字组的变调…………………………………（87）
三 三字组的变调…………………………………（88）

四　四字组的变调 …………………………………… (89)
　第二节　几个基本观点 ………………………………… (91)
　第三节　丹阳话的声调系统 …………………………… (94)
　第四节　二字组变调的解释 …………………………… (97)
　　一　变调制约条件、操作和变调过程 ………………… (101)
　　二　两类变调式 ………………………………………… (103)
　第五节　三字组变调的解释 …………………………… (108)
　第六节　四字组变调的解释 …………………………… (110)
　第七节　关于曲折调及其延伸 ………………………… (111)
　　一　曲折调的表征 ……………………………………… (111)
　　二　曲折调的延伸 ……………………………………… (112)
　第八节　小结 …………………………………………… (116)

第八章　变调的方向性 …………………………… (118)
　第一节　引言 …………………………………………… (118)
　第二节　"天津话连读变调之谜" ……………………… (120)
　第三节　天津话声调系统 ……………………………… (124)
　第四节　二字组连读变调 ……………………………… (125)
　第五节　三字组连读变调 ……………………………… (128)
　第六节　讨论 …………………………………………… (131)
　　一　主位高调性与管辖关系 …………………………… (131)
　　二　关于OCP（*LLLL）………………………………… (133)
　　三　规则施用方向 ……………………………………… (134)
　　四　去去阴变调中的"层级性" ………………………… (136)
　第七节　小结 …………………………………………… (136)

第九章　声调表达抽象性 ………………………… (138)
　第一节　引言 …………………………………………… (138)

第二节　武鸣壮话的连读变调 …………………………（139）
　第三节　武鸣壮话二字组连读变调的解释 ……………（144）
　第五节　龙州壮话的声调系统 …………………………（150）
　第六节　小结 ……………………………………………（153）
第十章　基于声调理论的变调自动化处理研究 ………（154）
　第一节　研究目标及意义 ………………………………（154）
　第二节　声调生成及变调自动处理系统 ………………（156）
　　一　声调系统生成模型 ………………………………（156）
　　二　跨语言声调系统生成参数设定 …………………（156）
　　三　跨方言声调生成与合成 …………………………（159）
　第三节　变调自动处理系统示例 ………………………（160）
　　一　天津话二字组连读变调算法 ……………………（161）
　　二　丹阳话二字组连读变调机制 ……………………（168）
　第四节　小结 ……………………………………………（172）
第十一章　结语 ……………………………………………（174）
参考文献 ……………………………………………………（176）
后　记 ………………………………………………………（187）

第一章

绪 论

管辖音系学(Government Phonology)是当今音系学研究中最重要且极具特色的理论之一,在欧美具有广泛影响。在 20 世纪 70 年代句法原则参数理论研究范式的影响下,Kaye 等(1985)提出管辖音系学的基本思想,其要点包括:普遍音系理论由原则(principles)及参数(parameters)构成;音系表征单位为独值(unary)成分;摒弃音系规则(rules),保留推导(derivation)机制;推导过程的重要原则是允准制约(licensing constraints)和管辖(government)关系。管辖音系学在处理音段交替(alternation)、首音许可(onset licensing)、尾音许可(coda licensing)、音段配列(phonotactics)、元音和谐(vowel harmony）等方面均有独到之处，表现出很强的解释力。

　　管辖音系学理论的发展可分为两个阶段：1993 年之前为标准理论形成阶段，1993 年之后为理论修正阶段。Kaye & Ploch（2003）是管辖音系学最新进展的汇集。该理论的重要文献包括：Kaye et al.（1985），Kaye, Lowenstamm & Vergnaud（1990），Charette（1990），Kaye（1990, 1992a, 1992b），Gussmann & Kaye（1993），Harris（1990），Harris & Lindsey（1995），Jensen（1994），Ploch（1995）和 Cobb（1993, 1997）等。特别指出的是，吴英成（Goh, 1997, 2000, 2003）对汉语普通话的音段结构和"音节"组构进行了深入研究。马秋武（2000a, 2000b）向国内研究者介绍了这一理论。

　　1999—2001 年，在对非洲语言声调研究基础之上，管辖音系学创始人柯翰源（Jonathan Derek Kaye）教授对汉语及壮语的声调进行了初步调查分析，并形成了管辖音系学声调理论的基本框架（Kaye, 2001）。由于种种原因，本书所依托的国家社科研究项目立项之前，该声调理论仍停留在雏形阶段，未见显著进展。本研究旨在发展和完善这一理论。

第一节　管辖音系学声调理论研究意义

　　本研究的意义主要表现在两方面：

第一章 绪论

一 理论意义

目前国内围绕汉语声调研究（Bao，1990；Duanmu，2000，2007；Yip，1980，2002；王洪君，1999；侍建国，1997，2008；马秋武，2005a，2005b）的几大热点和难点问题包括：调域的表达、变调的方向性、变调的历时因素、声调表达抽象性等。针对上述问题涉及的典型方言（如镇江话、天津话、丹阳话）及壮语和越南语的所做的分析表明，管辖音系学声调理论解释具有如下优势：表达低羡余，原参系统简约、理论预测约束力强、计算复杂度低、可学性强。该研究不仅为汉语声调研究提供了新的思路，也利用汉语事实丰富和发展了管辖音系学的声调理论。

管辖音系学理论体系抽象严谨，分析方法高度形式化，国内尚无应用此理论开展汉语研究的重要研究项目。此外，现有管辖音系学理论体系中尚无声调理论的系统阐述，本研究填补了这两个方面的研究空白，具有一定的理论价值和应用价值。

二 工程学意义

本课题在理论探索同时，将运用计算语言学方法从语言工程角度对变调处理的算法进行尝试，以检验理论的精简性和可行性。管辖音系学理论中声调的独值表征、对变调操作的原则性制约都极易转换成工程算法，这对于语音合成及识别中变调算法的精简化、提高合成语音的自然度，都将产生积极作用。

第二节　管辖音系学声调理论研究的主要内容

本研究对汉语中多种变调难题给出了原则性的统一解释，如天津话的变调方向性问题、丹阳话的变调复杂性问题、厦门话与德州话变调环的动因问题等。

本研究属于理论基础研究，在对典型语料观察的基础上，结合管辖音系学的基本原则和研究方法，构建了较为完整的声调理论。研究分为两个阶段，涉及三个方面，重点解决了四大问题。

一　两个阶段

第1阶段，收集、整理和观察包括汉语方言及壮语在内的各种声调语言材料。在此基础上，完善已具雏形的表征理论，同时注重研究声调表征的层次性。

第2阶段，分析典型声调音系过程语料，抽象出普遍制约条件和音系操作，提出完整的声调音系过程制约理论。

二 三个方面

(一) 表征理论

此部分研究主要涉及声调及调型的表征。

关于调型结构,我们认为,在模板语言里,调元分别连接于核心(Nucleus)的操作符位,而主位调元携非主位调元投射到调型层上。如图1所示,TP(Tonal Pattern)是调型内主位声调的最大投射。

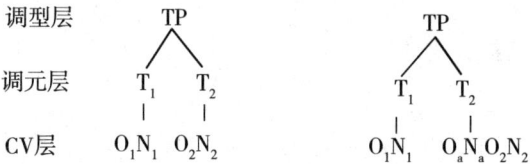

图1 声调结构

注:设 T_2 为主位调。其中,O_aN_a 为扩展模板。

调型内的延伸操作为单向,由主位决定,且是主位调的专属操作。而对于调型间的延伸操作,我们假设可以为双向;且主位、非主位均可延伸;主位调延伸后,其调型内延伸能力实现与否是参数化的。

由主位性决定的调型的非对称内部结构是管辖音系学声调理论的重要特点之一。主位性及管辖关系对声调音系过程具有决定性的制约和影响。本研究将就主位与管辖允准、主位与声调延伸、主位与高、低调的不同属性以及主位对音系操作的制约作用等问题进行分析和探讨。这将使我们对声调音系过程的发生和推导的非任意性形成更为清晰的认识。

(二) 制约条件及原参系统

1. 声调音系操作

Kaye（2001）提出声调音系操作有"延伸"和"删除"，本研究进一步拓展，提出了"增加""删除"和"邻接"等三种变调操作的定义及实施过程中应遵循的原则，这些工作尚处于探索阶段，有待语言事实检验。

2. 声调音系操作的原则与参数

根据管辖音系学基本原理，我们假设声调理论的原参系统如下：

表征的原参系统：

原则：OCP1（*XYX…，X∈{H, L}，Y∈{H, L, ø}；X≠Y）。

参数：1. 声调系统类型：　　简单型/复杂型（I，II）
   2. 主位：　　　　　　居首/居尾
   3. 延伸：　　　　　　强制/可选
   4. 主位必有调，即，X 或 Y，其中 X，Y∈
    {H, L} 且 X≠Y：　　　　　　　　Y/N

操作：延伸。

声调音系过程的原参系统：

原则：1. 同一性条件（Uniformity condition）：音系表征在任何层次均能直接得到语音解释。

   2. 最简假设（Minimalist hypothesis）：音系操

作的触发条件一旦满足，则应用，且各种操作之间并无优先等级。（Kaye，1995：291）

3. 经济原则：变调过程中的操作尽可能地少。

参数：1. 二字组中变调域为：前字/后字

2. OCP2（*XY.XY, X, Y ∈ {H, L}；X ≠ Y）： Y/N

……

变调操作：1. 增加，及其原则（略）；

2. 删除，及其原则（略）；

3. 邻接，及其原则（略）。

基于以上原参系统，本研究将对声调语言中复杂的变调现象进行分析和解释。

（三）变调自动处理算法研究（以天津话、丹阳话变调为例）

在计算机上模拟实现理论所提出的音系处理模型能让我们了解理论的可计算性和算法的复杂度。以丹阳话变调为例，变调后的调值与变调前的单字调没有整齐的对应关系，所以二字组及多字组中变调字的调值似乎无法用规则推导。在算法上这意味着不光要建立单字调值库，还需将所有不同环境下变调字的调值也建库以供检索。这种处理方式不够经济，也没有充分运用语言学的研究成果。如以管辖音系学声调理论为基础，则可依据普遍制约条件再辅以有限的变调操作建立起丹阳话的变调算法。此部分研究的完成为管辖音系学声调理论的算法化提供了可行性论证，具有重大的现实意义和工程学意义。

三 四大问题

（一）调域的表达及处理

管辖音系学声调理论能较好地处理镇江方言连读变调的调域问题。本分析既不用将阳平表征为与表层相反的低调域（Bao，1990），也不用将低降变高升分析为须先后经历调型、调域的调整（王洪君，1999）。本分析揭示了镇江方言变调的实质是高调化及因此诱发的一系列音系操作，所有后续操作均为系统的规定性制约和变调逻辑所决定。

（二）变调的方向性

天津话连读变调的方向性问题一直是音系学的难点。如果对该方言变调的 OCP（*L. LL）重新界定，明确高调主位性，则"天津话连读变调之谜"迎刃而解——右向变调，且无例外。

（三）变调历时因素的共时处理

丹阳话的变调现象十分复杂，变调后的字调与单字调似乎没有整齐的对应关系，同时丹阳话变调也关涉有无曲折调单位延伸之争。本分析将破解若干疑点和难点：丹阳话变调唯有前进型变调，而无后退型变调、首尾定调或嵌入式变调；入清字的跨类分布为其底层表达所决定；曲折调延伸现象实为首字调向后延伸时将"主位调调型内不延伸"的词库标记同时延伸所致,等等。

(四)声调表达抽象性

壮语以武鸣壮话为标准音。从调值所反映的变调情况看,武鸣壮话与龙州壮话声调系统不尽相同。本研究试图得出结论,不管是武鸣壮话还是龙州壮话,其声调底层表达一致,其声调系统类型和允准制约条件相同。这将表明,当我们剥离了以调值为表象的语音因素后,壮语的这两种方言声调系统的生成机制是一致的。

第三节　管辖音系学声调理论研究的创新之处

本研究的前期成果已表明,管辖音系学声调理论简约的原参系统及操作能有效揭示不同语言声调现象,尤其是汉语方言连读变调的内在机制和规律。本课题的创新之处在于首次系统地将管辖音系学的原理应用于汉语声调表征及变调机制的分析,并力图构建具有普遍意义的、完善的管辖音系学声调理论,具有原创性和独创性。

第二章

管辖音系学核心思想概述

　　管辖音系学因其分析极具特色,在国外音系学界影响颇大。自 20 世纪 80 年代中期产生以来,它在音段结构、音节结构和韵律结构等领域取得了重要的进展。它严格遵循生成语言学的理论目标和研究方法,具有论证严谨、体系简约等特点,是一种非常重要的音系学研究范式。

　　Kaye et al. (1985) 对音系进行全面的分析和研究,提出了以独值的 (unary) 音系成分为表征单位,以允准制约和管辖关系为主体的管辖音系学理论。管辖音系学扬弃了经典生成音系学中的规则部分,保留了生成音系学从底层到表层的推导过程,并指出音系表征是按照一组原则和参数从一个固定的元素集中推导而来的，即一组数量有限的元素，其出现和组合的正确性以及它们在音系变化中的表现都是由管辖它们的原则和参数决定的。管辖音系学最先发展了以音节成分之间的管辖关系为核心的管辖音系学基本理论。

第一节　管辖关系与音节成分

　　管辖是指骨架层面上的两个节点之间构成的一种主管和受管的关系，它确定了骨架位置组合而成的音节成分。管辖音系学认为只有三种音节成分：首音、韵音和核心。管辖音系学认为音节成分间存在着三种管辖关系：成分内的管辖关系，成分间的管辖关系和核心投射间的管辖关系。成分内的管辖关系是指分支间的管辖关系。成分间的管辖关系是指首音与在它前面的韵音补语位置之间或韵音与首音之间形成的一种管辖关系。核心投射间的管辖关系是指核心在其投射层面所构成的管辖关系。管辖音系学认为成分内的管辖和成分间的管辖须遵守两条原则：1. 构成管辖关系的两个位置节点必须是绝对相邻的，中间决不可以有任何阻隔的位置。2. 两种管辖关系中的管辖方向是固定的，具有普遍性。核心投射间的管辖须注意：1. 两个核心构成管辖关系的条件是它们在核心投射层必须是相邻的。2. 核心投射层面上的管辖方向是不固定的，而是因语言不同而有所不同的一种参数。

第二节 元素：桀数理论和多元素性程度

按照 Kaye et al.（1985，1990）和 Harris（1990），管辖音系学有 11 个元素数目，这些元素通过彼此聚合而成为音段的表达式。但如果对这 11 个元素的聚合不加以制约的话，就会产生远远超出实际语言所需要的音段数量。因此，为了制约元素的聚合，Kaye et al.（1985，1990）提出了概括元素自然类共同属性的桀数理论。该理论认为音系中有三种不同的桀数元素：正桀数元素，反桀数元素和中性元素。元素的桀数值可以起到对元素聚合的制约作用，即相同桀数的元素相互排斥。不同桀数的元素相互吸引。具体地说，音系表达式既可以是单元素的，也可以是多元素聚合而成的。多元素音系表达式中的桀数不可以都为正值，也不可以都为负值，但中性元素不仅可以与桀数元素聚合，也可以与其他中性元素聚合。多元素音系表达式的桀数值通常是由其主位元素的桀数值决定的。音系表达式中的元素数量决定了该表达式多元素性的程度。

第三节 摒弃规则的生成音系学理论

管辖音系学是一种非线性音系学理论，它假定音系表达式与音节成分分属于不同的音系层面，中间由起调节作用的骨架层面将音系表达式和音节成分层面联结起来。需要注意的是，管辖音系学的骨架层面不同于 Clements and Keyser (1983) 提出的区分元音性与非元音性的 CV 骨架层面，它是由没有任何语音内容的单一的骨架位置（即 x）序列组成的。管辖音系学骨架层面上的表征单位虽然均为 x，但这些 x 并不是一一排列的，而是两两成为一种主管与受管的管辖关系而进入骨架位置的。骨架位置确定了骨架位置组合而成的音节成分。

管辖音系学采用完全由原则和参数驱动的音系推导。它的主要特点是：1. 在管辖音系学中，音系结构是允准原则和参数的一种组构方式。2. 要使管辖关系成立，与形成管辖关系的骨架位置相联结的音系表达式必须满足对特定槭数和多元素性程度条件的要求。3. 管辖关系是在词汇表征平面确立的，它们在整个推导过程中不得改变或删除，但容许增添。这就是说，管辖音系学不允许出现重新音节化，以此强化管辖音系学理论的制约性。4. 由于管辖音系学理论是以独值的、可以独立发音的元素为音系表征的基本单位，因此音系的功能不再是把抽象的底层音系结构转换为具体的表层语音体现。这就是说，音系具有一种纯粹的生成功能，它确定音系结构的语法性。5. 既然音系表达式在整个音系表征和推导过程中都是可以单独发音的单位，那么也是没有必要在音系中单独设立一个将抽象的音系结构转换为实际语音体现的语音表征平面。这也就是说，管辖音系学没有像 SPE 中那种独立的语音表征平面，只有词汇和音系两个平面。

虽然管辖音系学标准理论采用槭数理论，力求在某种程度上制约元素的聚合，体现语音及语音系统的标记性，但标准理论中存在的问题也是显而易见的。鉴于这些问题，Kaye（1993）提出了修正理论。修正理论放弃了利用槃数理论制约音系表达式生成过量的方法，代之以通过减少元素的数量来克服生成音系表达式过量的问题。也就是说，聚合运算不再受到任何的制约，而元素的数量减少了。修正后的元素数量只有5个：I，U，A，L和H。在修正后的管辖音系学理论中，所有元素都实现了彼此在理论上的平等，即元素之间可以自由组合。然而，管辖音系学的修正理论虽然将元素的数量减少到5个，但对某一特定语言音系来说，5个元素任意组合所得出的音系表达式的数量也同样会超出实际音系所需要的数量。为此，Kaye（1993）提出了一种可以参数化的允准制约原则。允准制约原则实质上就是对语言音系表达式合格性在某一特定方面的制约。允准制约的方式有两种：1. 把一个元素作为主体，说明它潜在的允准能力或允准要求；2. 把所有元素作为一个整体，说明其整体的制约属性。

第四节 小结

管辖音系学于20世纪80年代中期提出以来，针对表达和推导这两个音系学研究中的重大问题给出了自己的处理方案。表达方面，采用独值的元素表征方式，早期通过槃数理论，后期通过更为简单的组合方式，一方面减少表达式冗余；另一方面注重表达式的结构信息为音系变化提供解释的能力。在某些学者看来，这么做可能带来一些问题，比如音系表达可能变得更加抽象。管辖音系学在表达上否认语音层面的音系价值，这也是这一理论比较独特的地方。推导方面，完全摒弃规则的推导方式，可以说在当时条件下是一种非常激进的做法。经典生成音系学沿用生成语言学的规则推导方式，由此引发的关于规则的大讨论，各种音系学模型给出了不同的解决方案。提出用原则性更强的制约条件来取代规则，是管辖音系学重要的理论贡献。管辖音系学的这些发展，使得这一理论具有十分独特的特点。

但其在声调方面所进行的研究，所依据的语言要么是声调现象不怎么丰富，如欧洲某些语言；要么是声调结构简单，如以域高声调为主的非洲语言，因此管辖音系学声调理论的构建还需要借助大量的声调复杂，变调丰富的亚非语言的语言事实。这正是本研究的工作重点，也是以下各章的主要内容。

第三章

声调理论的提出

管辖音系学的声调理论首先应用于以域高声调（register tone）为主要特点的一些非洲语言，描写并解释曲线声调（contour tone）的理论尚处在发展的初期。Kaye（2001）提出了声调理论的基本框架，其中包括声调的基本表征单位、声调表达式的构成以及允准制约（licensing constraint）原则等等，并对汉语普通话、广州话等方言的声调系统做了初步描写。

第一节 调元、调型和声调表达式

在管辖音系学的声调理论中,"调元(tone element, tone)"为声调元素的简称,是声调的基本表征单位。调元只有"H"(高调)和"L"(低调)两个。无调用占位元素(identity element,或译空位)"_"表征。"调型(tonal pattern)"相当于汉语音韵学中"声调"的概念。比如:汉语普通话的阴平、阳平、上声和去声等四个声调,用管辖音系学的术语来讲就是四种调型。"声调表达式(tonal expression)"由"H""L"或"_"组成,并置于核心表达式(nuclear expression)的操作符(operator)位置,随之连接于骨骼节点。

第二节 声调系统类型

声调语言的声调系统可分为简单型和复杂型两种,如(1)所示。前者用"H"和"_"分别表征高调和低调,而后者则用"H""L"①和"_"分别表征高、低和中调。简单型声调系统的代表语言有 Ibibio 语(尼日利亚境内的一种

---

① "L"用于声调表征的前提是系统中必须要先有"H"。此外,在所有声调系统当中,"_"是不可或缺的。

Bantu 语）。汉语普通话属于复杂Ⅰ型系统，而象牙海岸的 Kru 诸语言，如 Bété 和 Dida 语等则属于复杂Ⅱ型系统（Kaye 2001：4）。

  （1）声调系统类型
  1. 简单型：H 或无调
  2. 复杂型：a.Ⅰ型，H、L 或无调
       b.Ⅱ型，H、L、HL 或无调，"HL"与无调具有相同的语音解释，音系价值不同。具体请参见（Kaye 2001：3）

第三节 允准制约条件

  根据某个语言声调系统中调型所连接核心（nucleus）[①]的数目，可以推断出该系统中所有调型表达式的组构形式及数目。假定某个语言的声调系统属于复杂Ⅰ型，且其每个调型连接于 2 个核心，则该声调系统共有 3^2 种可能调型，即：HH、LL、_ _、HL、H_、LH、L_、_H 和 _L，共 9 种

---

 ① 由于管辖音系学认为"音节"这一概念不具有音系学意义，也就没有给"音节"以音系学地位。因此，虽然文献中也有诸如 onset, rhyme, nucleus 等音段以上成分单位的提法，这仅仅沿用以往承认音节分析的叫法，具体内涵其实并不完全相同。也是由于这一原因，本书将 nucleus 不译为"韵核"，以示区别。

组合。这样,较之偶值特征理论①,管辖音系学的表征系统得到了很大程度地约束,生成能力不再过强。在模板型(templatic)语言中,允准制约条件对所有可能的调型组构形式产生制约,只允许那些符合该语言实际调型的组合方式产生,并用于声调音系描写。首先,Kaye(2001:4)根据Leben(1973)的强制曲拱原则(OCP, Obligatory Contour Principle)提出了一条扩展的OCP,作为声调表征的普遍允准制约条件。其内容是:在某一调型中某调元最多只能出现一次。我们将此原则简写为:

(2) OCP1（* XYX…, X ∈ {H, L}, Y ∈ {H, L, ø}; X≠Y）。

根据这一原则,"HH""LL""HHL""HLH""H_ H"等均为非法声调表达式。

下面以汉语普通话为例来说明特定语言声调系统的允准制约条件的设定问题。汉语普通话属于模板型语言,其最小的音系范域由 $O_1N_1O_2N_2$ 模板定义（Goh 1997;吴英成 2000:242）。因此每个调型与两个核心连接。根据普通话4种调型的调值分布,其声调系统应属于复杂I型。"H""L""_"的4种组合形式——"H_"②"_ H""LH"和"HL"分别表征它的4种调型。这样,复杂I型系统的7种声调组合（$3^2=9$,其中"HH"和"LL"已被OCP1原则排除）尚有3

---

① 参见Yip（1980, 1990, 2002）和Bao（1990, 1999）等研究者的声调理论体系。

② "H_"中的"H"向右延伸至空位,形成高平调。

种需要制定新的允准制约条件来进行排除。为了排除它们，我们需要另一条允准制约条件，那就是"每种调型中须有高调元'H'"。这样，"_ _""L_""_ L"均为非法表达式，并得以排除。

第四节 主位及延伸

每一调型内均有一个位置是主位（head）[①]。在单位置的调型中，其仅有的位置即是主位。在模板型语言中，调型内有一个位置是主位，另一位置则是非主位，或称补语位。Kaye（2001：4）认为，主位的设定有内在型（intrinsic）和位置型（positional）两种。内在型主位是由调型中某特定调元所处的位置来确定的。比如，按照 Kaye（2001）的假定，汉语普通话的声调主位就是内在型，调型内只有连接了高调元素"H"的位置才是主位。而位置型主位是指在调型的各位置里，某特定位置被指定为主位。位置型主位有居首和居尾两种。

调元可能延伸（spread）[②]至调型内相邻的空位，形成平调。延伸与否取决于该语言相关的制约条件。延伸操作可以是强制性的，也可以是选择性的。在位置型主位声调系统里，调元总是从主位延伸至非主位。而在内在型主位的声调

[①] 本书中居主位的元素都用字符下加着重号表示，如"X̠"。
[②] 本书中延伸用">"和"<"表示，前者表示右向延伸，后者表示左向延伸。

系统里，延伸的方向是独立确定的，要么是左向，要么是右向。

第五节 小结

下面我们以对普通话声调系统的描写，作为对 Kaye（2001）的声调理论的例示和总结，如（3）。

(3) 普通话声调系统
a. 声调类型：复杂 I 型；
b. 声调延伸：强制性，右向，H，L；
c. 声调主位：内在型；
d. 允准制约条件：1. OCP1；
                  2. 调型中须有高调元"H"。

以上声调系统就可以生成普通话的 4 种调型。首先，根据 a，复杂 I 型声调系统类型规定了该系统里声调表征元素有"H""L"和"_" 3 个。其次根据 b，调元的延伸方向是右向的，也就是说，如果调型中左侧位置上有"H"或"L"调元，而右侧位置为空（即"_"）的话，该左侧位置的调元将强制性延伸至右侧位置，从而形成平调，即"H>"或"L>"。c 规定了普通话调型内的主位为内在型主位，也就是说，调型内哪个位置是主位要根据某个特定调元是否占据该位置而确定。由允准制约条件 d2 我们知道，调型内必须要有高调元。这个高调元就是确定内在型主位的那个特定调元。而允准制约条件 d1 则将复杂 I 型声调系统中用于表征的两个调元("H""L")和占位符("_")在调型中两个位置上的两两组合数共 9 个（HH、HL、H_、LH、LL、L_、_H、_L 和 _ _）限制为 7 个（HL、H_、LH、L_、_H、_L 和 _ _）。这 7 种组合又由允准制约条件 d2 进一步限制，减少至 4 种。也就是说，调型中须有高调元"H"的制约条件排除了"L_""_L"和"_ _"。剩下的 4 种组合就是"HL""H_""LH"和"_H"。而根据以上关于内在型系统的设定，这 4 种组合中有高调元的位置就是主位，即"HL""H_""LH"和"_H"。其中，"H_"符合右向型延伸的条件，调型中的高调元向右延伸而形成高平调，音系上记作"H>"。而"_H"不符合右向型延伸的条件，调型中的高调元无法向左延伸至空位。最后，我们来看看它们的语音解释。"HL"就是高降调，可以记作 51；"H>"就是高平调，可以记作 55；"LH"是低声调，可以记作 15；而"_H"为中升调，记作 35。我们暂且把 15 看作 214 的话，这 4 种调型的语音解释是否就可以看作是普通话中 4 种声调的调值呢？由这个例子，我们可以看出普通话的声调系统是如何通过这些原则和参数设定一步步生成的。

第四章

声调理论的拓展

　　Kaye（2001）提出了声调表征的基本框架，但对声调音系过程（即变调）的解释着墨甚少。笔者认为，声调普遍理论必须回答两个问题：（1）声调如何表征？（2）声调音系过程如何解释？某声调语言声调表征系统的建立（含允准制约条件的设定及其他参数的选择）需兼顾该语言各调型的静态表达及其音系行为。为此，我们对前述声调理论进行理论修正和拓展。

第一节 理论修正和拓展

一 声调结构

在模板语言中,声调层与音段层的关系及调型的内部结构可以用图 2(为方便读者阅读,将前文图 1 重绘于此)来刻画。载调单位为核心表达式,由"H""L"或"_"组成的声调音系表达式置于核心表达式的操作符位,随之连接于骨骼节点。调型的主位携非主位而投射到调型层上。如图 2 所示,TP(Tonal Pattern)是调型内主位元素的最大投射。

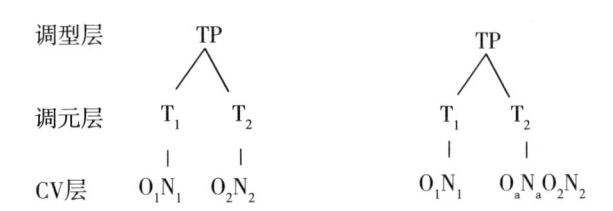

```
调型层         TP                    TP
              /  \                  /  \
调元层      T₁    T₂              T₁    T₂
            |    |                |    |
CV层      O₁N₁  O₂N₂            O₁N₁  OₐNₐO₂N₂
```

图 2 声调结构

注:设 T_2 为主位调。其中,O_aN_a 为扩展模板。

二 管辖关系的重新界定

在管辖音系学理论中,主位有着特殊的音系学意义。居主位的是主管(governor),居非主位的是受管(governee)。在音段理论中,受管的组成复杂度(complexity)不能高于其主管（Kaye, et al., 1990: 218; Harris, 1994: 170）。这在音系上为响度阶原则（sonority scale）提供了解释。但在构成方式上，较之音段层的音段，声调层的调元有所不同。前者多以元素组合的形式出现，并连接于骨骼节点，而后者的组合形式"HL"①仅限于复杂 II 型系统。在其他系统中，一个声调位置仅与一个调元连接，或不与调元连接，保持空位。这样，在管辖关系的界定上，声调层与音段层将有所不同——可能出现调型中主位为空而非主位有调的情形。这显然不能用复杂度原则进行规范。笔者认为，声调层的管辖关系需做进一步区分：强势管辖和弱势管辖。②界定调型内管辖关系的基础是调型内各调元在其所对应的声带振动频率上的分布关系。根据声带振动频率的高低，我们有如下声调阶：

(4) "H" >> "_" (>> "L")。③

如果某调型内主位调元（包括占位元素"_"）在声调阶上的位置不低于非主位调元，那么此调型就呈强势管辖关系。反之则为弱势管辖。其实，强势管辖同于音段层依复杂度原则所规定的管辖关系。而弱势管辖为声调层所独有。一般而言，高调居主位的调型通常较稳定，不易变调（Liu,

---

① "HL"的这一组合仅与一个位置连接，不是调型。
② 这种区分在对丹阳话变调、厦门话变调环以及天津话三字组连读变调等音系现象的分析中均有解释作用。
③ 这里的">>"表示"高于"。在复杂系统中，声调阶包括括号部分，保持空位的占位元素的语音解释为中调；在简单系统中，声调阶不包括括号部分，保持空位的占位元素解释为低调。

2008：153；路继伦，1999），而低调居主位的调型则反之①[如王嘉龄（2002：365）就曾提出如 OCP（＊L.LL，即，＊连续低调）的制约条件]。具体而言，在声调音系过程中，弱势管辖的调型②[如普通话的上声"LH"；天津话的去声"HL"（王嘉龄，2002：363）]相对较不稳定，易发生变调。而强势管辖的调型[如普通话的阴平"H>"、去声"HL"；邯郸话的阳平"HL"（王萍，2001：27）；神木方言的阳平"H>"、去声"HL"（邢向东，1999：63）；镇江方言的去声"H>"（张洪年，1985：192）；天津话的阳平"<H"（王嘉龄，2002：363）]相对稳定，不易发生变调。

三 主位设定的重新定义

Kaye（2001：4）认为，调型内调元的延伸方向在内在型主位系统中须独立设定，并不能由主位的位置来蕴含。这种延伸方向设定不免有出于外在动因之嫌。况且，内在型主位无非就是要确保调型中某调元必须出现，而这一要求实际是通过允准制约条件来实现的。笔者认为，模板型语言中对内在型主位的设定目前看来似无必要。调型内主位的确定仅依位置进行——主位居首或主位居尾。这将唯一确定调元延

---

① 高调的生理基础是声带的紧张，而低调的基础是声带的松弛，无调则是声带处于相对正常的松紧度。相比之下，由于生理的原因，声带的持续松弛比另外两种状态更难实现。这是因为发低调时，通过环甲肌（cricothyroid muscle）的舒张或声带肌（vocalis muscle）的收缩，声带覆膜（cover）得以放松，其顺应性提高，较之绷紧时会吸收更多的声门下气压（subglottic pressure），故此时需要更加用力。（Divi and Pou 2000；吴宗济、林茂灿 1989：35—36）

② 以下方言的调型举例均以管辖音系学声调表征形式给出。

伸的方向——由主位延伸至无调的非主位。据此，普通话的声调系统就不是内在型主位，而是主位居首的位置型主位。其延伸操作为强制性，延伸方向为主位所处位置所蕴含。也就是说，普通话的阴平（"Ḣ>"）和去声（"HL"）为高调"H"居主位，阳平（"_ Ḣ"）为主位无调，上声（"LḢ"）[1]乃低调居主位。这可以解释它们迥异的音系行为。如上声不同于阴平和去声，在语流中极不稳定，具有音系学意义的连读变调，且在不同的环境中表现出不同的变调。这其中的缘由就在于主位与调元的交互作用。

四 声调音系操作的拓展

Kaye（2001：4）提出的声调"延伸"操作可以解决平调的表征问题。在此基础上，我们认为，调型内延伸及其方向定义应贯穿于整个音系推导过程之中，从而实现结构保持（structure preservation）。为描写声调音系过程，Kaye（2001：8—9）在讨论普通话上声变调时提到了"删除（delink）"操作。除此以外，我们认为还需引入"增加"和"邻接"两个操作。下面分别给出它们的定义及其施用所应遵循的原则。

增加：在无调位置（toneless）处增加一调元（H 或 L）。
原则：增加一调元而产生非平调型以满足 OCP（﹡XX，X ∈

---

[1] 模板型语言中，一个调型域内只有两个位置，这样似乎会产生三"莫拉"曲折调将如何表征的问题。我们认为，在某一模板型语言系统内，三"莫拉"曲折调的两位置音系表征（依系统分布或表征为降调，或表征为升调）与非曲折调的表征不会发生冲突。也就是说，模板型语言系统中三"莫拉"曲折调的音系价值为升（降）调。如普通话的上声，一般认为单字调是个曲折调，而它的音系表达实际上是升调——"LH"。

{H，L}）；增加的调元在"主位必有调"的系统中，优先考虑连接至主位，其他系统优先考虑连接至非主位。

删除：删除某调元与其位置之间的连接线。原则：在不违反允准制约条件的前提下，优先删除非主位调元。若此操作导致某变调制约条件被违反，则删除主位调元。

邻接：调型内某调元从原位置被删除并连接至另一无调位置。此操作仅适用于"主位必有调"的声调系统。原则：在"主位必有调"的系统中，主位调元被删除后，1. 若变调域内非主位为空位，则将其邻接至该位置；2. 若变调域内非主位非空，则抛弃此调元，并将非主位调元邻接至主位。

以上三种操作均为单步操作，即每次施用操作数计一。这将为变调过程中应遵循的经济原则提供计算依据。

最后，我们对拓展后的管辖音系学声调理论做一总结。

面向声调表征的原则与参数系统：

表征单位：调元，"H"和"L"。

原则：OCP1（*XYX…，$X \in \{H, L\}$，$Y \in \{H, L, \emptyset\}$；$X \neq Y$）。

参数：1. 声调系统类型：　　简单型/复杂型（I，II）
　　　2. 主位：　　　　　　居首/居尾
　　　3. 延伸：　　　　　　强制/可选
　　　4. 主位必有调，即，X̣ 或 Ỵ，其中 $X, Y \in \{H, L\}$ 且 $X \neq Y$：　　　　　　　　　　　　Y/N
　　　……

操作：延伸。

面向声调音系过程的原则与参数系统：

原则：1. 同一性假设：音系表征在任何层次均能直接得到语音解释（Kaye，1995：292）。

2. 最简假设（Minimalist hypothesis）：音系操作的触发条件一旦满足，则应用，且各种操作之间并无优先等级（Kaye，1995：291）。

3. 经济原则：变调过程中的操作数尽可能地少。

参数：1. 变调域（二字组）： 前字/后字①

2. OCP2（*XY.XY, X, Y ∈ {H, L}；X ≠ Y）： Y/N

……

变调操作：1. 增加；

2. 删除；

3. 邻接。

第二节　声调系统表达示例

汉语方言的调类分布悬殊，少则三个（如山东淄博方

---

① 变调域的确定应考虑节律等其他因素。为简明起见，在排除这些因素的系统里，我们仅将变调域作为参数处理。与这些因素的接口研究将为此参数提供理论解释。

言），多则十个（如广西玉林方言）。管辖音系学声调理论仅用"H""L"两个调元以及占位元素"_"能否对如此繁杂的声调系统进行表征呢？下面，我们先用修正后的理论对普通话声调系统重新描写，然后以玉林话为例，对复杂的声调系统进行刻画，以此说明管辖音系学声调理论强大的表征能力。

一 广州话声调系统（10个调类）

基于广州话变调中有调类中和现象的事实，我们认为应将单字调设定为底层调，而将变调设定为表层调。观察单字调10个调类的调值——上阴平53、下阴平55、阳平31、阴上35、阳上13、阴去33、阳去11、上阴入5、下阴入3和阳入1，一共有3个声调音系高度，5、3和1。据此，我们可以初步推断广州话的声调系统为复杂I型系统。复杂I型系统运用"H"和"L"两个调元和占位元素"_"①进行声调表征，其中"H"表征以上五度值表达中的高调"5"，"L"表征五度值的"1"，而"_"则表征五度值的"3"。这样，各调类的底层音系表达可初步认定为如下形式，上阴平"H_"、下阴平"HH"、阳平"_ L"、阴上"_ H"、阳上"L_"、阴去"_ _"、阳去"LL"、上阴入"H"、下阴入"_"和阳入"L"。

入声调的语音实现实际是由其对应的入声韵的音段结构所决定的。由于入声韵只有N_1这一个核心位置能载调，我们

---

① 在复杂I型声调系统中，占位元素"_"的音系价值是中调。

可以认为入声调与舒声调有着相同的音系表征。也就是说，上阴入的声调底层表征应与下阴平相同，为"HH"。同理，下阴入的声调底层表征为"＿＿"，与阴去相同；阳入的声调底层表征应为"LL"，与阳去相同。这样，10个调类仅有7种调型表征。它们分别是"H＿"（上阴平）、"HH"（下阴平和上阴入）、"＿L"（阳平）、"＿H"（阴上）、"L＿"（阳上）、"＿＿"（阴去和下阴入）和"LL"（阳去和阳入）。

如前所述，管辖音系学的声调理论中有一条最基本的OCP原则——OCP1（＊XYX…，X∈{H, L}，Y∈{H, L, ø}；X≠Y）。根据这一原则，"HH"和"LL"是非法的调型表达形式，它们的表征形式只能通过调元的延伸操作来实现。也就是说，"HH"的合法表征有两种可能性，即"Ḥ>"和"<Ḥ"。同理，"LL"的合法表征也有两种可能性，即"Ḷ>"和"<Ḷ"。但不管采取何种分析（主位在首或主位在尾），若要生成以上7种调型表征，只需设定另一条允准制约条件，那就是"每种调型至多只有一个调元"。

下面来判断在以上两种可能表征形式中哪种是正确的音系表征，即要回答如何确定主位的问题。在这两种表达中，前者为主位在首，而后者为主位在尾。如果就静态的单字调表征而言，这两种可能的主位设定均有可能是正确的广州话声调表达。最终取何种参数设定，尚需考虑动态的变调音系过程。这是因为动态的变调过程是一个观察窗口，它能帮助揭示静态环境下所无法表现出来的语言参数设定值。根据连读变调中有上阴平53变作下阴平55的变调事实，我们有如下分析：第一种处理方式（"主位在首"的分析）是将变调音系过程看成是底层调"H_"的主位调元右向延伸至非主位，最终可以得到"H>"；第二种处理方式（"主位在尾"的分析）是将变调音系过程看成是底层调"H_"的非主位调元被删除，若要得到最终的变调形式"<H"，被删除的非主位调元"H"须邻接至主位，然后左向延伸才能实现。显然，第一种处理方式仅需简约的延伸操作。而第二种处理方式在管辖音系学声调理论框架内得不到支持——广州话不是"主位必有调"的声调系统，因而没有邻接操作。综上所述，我们认为广州话"主位居首"的设定应该是可取的。这样，以上7种调型表征应为："H_"（词库标记主位调不延伸）、"H>""_L""_H""L_"（词库标记主位调不延伸）、"__"和"L>"。

基于以上分析，可以得出广州话的声调系统，如（5）所示。

(5) 广州话声调系统

a. 声调类型：复杂Ⅰ型；

b. 声调延伸："H"，"L"，强制性（词库标记不延伸者除外）；

c. 声调主位：主位居首；

d. 允准制约条件：1. OCP1（＊XYX⋯，X ∈ {H, L}，Y ∈ {H, L, ø}；X ≠ Y）；

2. 每种调型至多只有一个调元。

这样，由（5）可以生成如下声调系统：上阴平"H_"

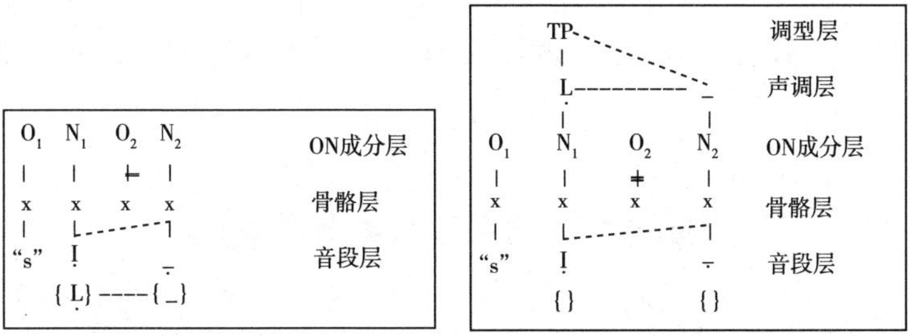

```
O₁  N₁  O₂  N₂        TP
|   |   |   |          L
x   x   x   x       O₁  N₁  O₂  N₂
|   |       |       |   |   |   |
"s" !       ‾       x   x   x   x
    {L}----{_}      |   |       |
                    "s" !       ‾
                    {}      {}
```

（a）声调表达于核心表达式的操作符位　　（b）声调层的非线性表达

图3　舒声调表达示例

（词库标记不延伸）；下阴平（上阴入）"H>"；阳平"L"；阴上"˙H"；阳上"L˙"（词库标记不延伸）；阴去（下阴入）"_ _"；阳去（阳入）"L>"。其他声调组合"HH""LL""LH""HL"均因违反某一允准制约条件，为非法调型表达式。

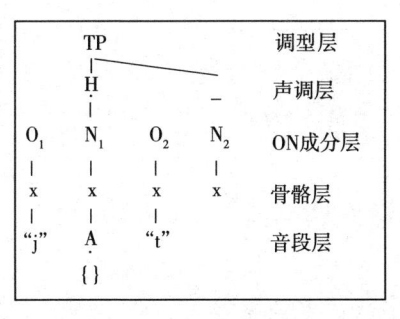

```
            TP
             H
O₁  N₁  O₂  N₂
|   |   |   |
x   x   x   x
|   |   |   |
"j" A  "t"
{}
```

图4　入声调表达示例

图3是阳去"事"字（音段层为"si"，声调层为L>）的声调表达示例，图中虚线表示有延伸发生。图4是上阴入"一"字［音段层为"jat"，声调层为H（>）］的声调表达示例。入声调因音段层有塞尾，即 $O_1N_1O_2N_2$ 中 O_2 为一塞音

占据，连接于 N_1 上的 H 或 L 无法延伸至 N_2 上[①]。所以，入声调与舒声调的声调音系表征一致，语音表现不同（入声调短促）。

二　汉语普通话声调系统（4个调类）

(6) 普通话声调系统
a. 声调类型：复杂 I 型；
b. 声调延伸："H"，"L"，强制性；
c. 声调主位：主位居首；
d. 允准制约条件：1. OCP1;
　　　　　　　　2. 调型中须有高调元"H"。

由(6)可以生成普通话的四种调型：阴平(55)[②]：H＞；阳平(35)：_ H；上声(214)：LH；去声(51)：HL。其余声调组合"HH""LL"" _ _ ""L_ "" _ L"均因违反某一允准制约条件，为非法调型表达式。

三　玉林话声调系统（10个调类）

(7) 玉林话声调系统
a. 声调类型：复杂 I 型；

[①] 根据管辖音系学理论，汉语普通话属于模板型语言，其最小的音系范域由 $O_1N_1O_2N_2$ 模板定义（Goh 1997；吴英成 2000）。因此，入声韵塞尾被分析成连接于空核心 N_2（nucleus）前的首音 O_2（onset）位置。这有别于其他的分析范式，也是管辖音系学分析的重要特点之一。
[②] 括号给出五度调值，下同。

b. 声调延伸:"H",强制性;"L",强制性(词库标记不延伸者①除外);

c. 声调主位:主位居首;

d. 允准制约条件:1. OCP1;

2. 高调元"H"不居非主位。

由(7)可以生成玉林话的各调型:阴平(54)、上阴入(55):Ḣ>;阳平(32):_ L̇;阴上(33)、下阴入(33):_ _̇;阳上(23)、上阳入(12):L̇_(词库标记不延伸);阴去(52):ḢL;阳去(21)、下阳入(11):L̇>。入声调因音段层有塞尾,即 $O_1N_1O_2N_2$ 中 O_2 为一塞音占据,连接于 N_1 上的 H 或 L 无法延伸至 N_2。因此,入声调与舒声调的声调音系表征一致,语音表现不同(入声调短促)。

第三节 声调音系过程解释示例

一 天津话声调系统

天津话四种调型的音系特征分别为:阴平(11,或21,

---

① 在特定语言或方言中,调型内主位调元延伸与否须在词库给出。至于共时层面上如何确定并解释决定其能否延伸的语言学因素有待进一步研究。

或31)①"LL"、阳平（55，或45）"HH"、上声（24，或13，或213，或214）"LH"和去声（53，或54）"HL"（王嘉龄，2002：363）。依此，我们构建其管辖音系学模型如（8），并由此生成四种合法调型：阴平"<Ḷ"、阳平"<Ḥ"、上声"LḤ"和去声"HḶ"。

(8) 天津话声调系统
a. 声调类型：复杂Ⅰ型；
b. 声调延伸："H"，"L"，强制性；
c. 声调主位：位置型，主位居尾；
d. 允准制约条件：1. OCP1；
      2. 主位必有调，即Ẋ，其中X∈{H，L}。

二　天津话连读变调

天津话里，二字组共有 $4^2=16$ 种调型组合方式，其中仅4种有变调发生（李世瑜，1956：24—27；李行健、刘思训，1985：76—80；石锋，1986：77—90）。（9）给出了二字组连读变调的管辖音系学模型。

(9) 天津话二字组连读变调系统
变调域：前字，即前字变调型。

---

① 不同的学者有不同的调值描写，但不同的调值描写背后有着统一的音系价值和音系表达。

第四章 声调理论的拓展

变调触发条件：1. OCP2（＊XY.XY，X，Y ∈ {H, L}；X≠Y）；

2. OCP3（＊LL.LL）；

3. OCP4（＊L.LL）。

变调制约条件：1. 遵守允准制约条件；

2. 不违反其他的变调触发条件。

变调操作：1. 增加；2. 删除；3. 邻接（因声调系统允准制约条件有"主位必有调"）。

据此模型，12种调型组合因未满足变调触发条件而不引发变调，它们是：

"阴平+阳平"（<L+<H，如：锅^{11}台^{55}，天^{11}时^{55}）、"阴平+去声"（<L+HL，如：托^{11}运^{53}，花^{11}豹^{53}）、"阳平+阴平"（<H+<L，如：皮^{55}包^{11}，停^{55}工^{11}）、"阳平+阳平"（<H+<H，如：来^{55}人^{55}，回^{55}头^{55}）、"阳平+上声"（<H+LH，如：田^{55}野^{24}，划^{55}水^{24}）、"阳平+去声"（<H+HL，如：行^{55}动^{53}，船^{55}票^{53}）、"上声+阴平"（LH+<L，如：保^{24}温^{11}，酒^{24}盅^{11}）、"上声+阳平"（LH+<H，如：虎^{24}头^{55}，腿^{24}疼^{55}）、"上声+去声"（LH+HL，如：小^{24}路^{53}，眼^{24}镜^{53}）、"去声+阳平"（HL+<H，如：著^{53}名^{55}，调^{53}查^{55}）、"去声+上声"（HL+LH，如：货^{53}款^{24}，哮^{53}喘^{24}）和"阴平+上声"（<L+LH，如：脏^{11}土^{24}，松^{11}口^{24}）。

另外4种调型组合因满足变调触发条件而引发变调。它们是：

"阴平+阴平"（<L+<L，如：飞$^{11/24}$机^{11}，三$^{11/24}$千^{11}）、"上声+上声"（LH+LH，如：买$^{24/55}$马^{24}，土$^{24/55}$改^{24}）、"去

声+去声"（HL+HL，如：四⁵³ʹ¹¹旧⁵³，绕⁵³ʹ¹¹道⁵³）和"去声+阴平"（HL+<L，如：电⁵³ʹ⁵⁵灯¹¹，败⁵³ʹ⁵⁵家¹¹）。

其变调过程分述如下：

"阴平+阴平"（<L+<L）因满足变调触发条件 OCP3 而引发变调。变调域调型"<L"的变调操作空间①为：{1. 删除主位调"L"；2. 增加"H"}②。若按第一种方案实施变调，删除"L"（操作一）后变调域调型变为"_ _"。根据邻接原则，被删除的主位调"L"邻接（操作二）至非主位，形成"L_"，此时主位无调，违反允准制约条件2。在此基础上，主位增加"H"（操作三），产生非平调型"LH"。该调型组合的变调结果就是"LH+<L"（上声+阴平）。整个变调过程所需音系操作数为三。如果按第二种方案实施变调，会出现何种结果呢？对于这一问题，我们于41页再予以回答。

"上声+上声"（LH+LH）因满足变调触发条件 OCP2 而引发变调。变调域调型"LH"的变调操作空间为：{删除某调元}。根据删除原则，优先考虑删除"L"（操作一），形成"_ H+LH"的调型组合，其变调域中的主位调"H"强制性延伸，得到变调结果"<H"，即高平调的阳平。整个变调过程所需音系操作数为一。

"去声+去声"（HL+HL）因满足变调触发条件 OCP2 而引发变调。变调域调型"HL"的变调操作空间为：{删除某

---

① 变调操作空间指由为产生变调而对底层调型所能实施的所有可能操作之方案构成的集合。

② 集合中的元素（具体变调操作）并无先后顺序。此处给出序号仅为了便于下文讨论。下同。

第四章 声调理论的拓展

调元}。根据删除原则，优先考虑删除"H"（操作一），形成"_L+HL"的调型组合，其变调域中的主位调"L"强制性延伸，形成"<L"，也就是低平调的阴平了。整个变调过程所需音系操作数为一。

"去声+阴平"（HL+<L）因满足变调触发条件OCP4而引发变调。变调域调型"HL"的变调操作空间为：{1. 删除非主位调"H"；2. 删除主位调"L"}。根据删除原则，需优先考虑删除"H"，即先考虑按第一方案来实施变调。删除（操作一）后调型组合变成"_L+<L"，主位调"L"强制性延伸，形成"<L+<L"。但这一结果因违反OCP3而需进一步变调。此中间变调结果因同于"阴平+阴平"，其要产生不违反系统内任何制约条件的变调结果所需的过程与"阴平+阴平"的也就一样，还需经历三次变调操作才能变成"LH+<L"。这样，整个变调过程所需音系操作数为四；下面再考虑按第二种方案实施变调。因非主位已有调，被删除（操作一）的"L"无法邻接到非主位，抛弃。此时变调域变成"H_"，主位无调，违反允准制约条件2，根据邻接原则，非主位调"H"邻接（操作二）至主位，并强制性延伸，得到变调结果"<H+<L"。整个变调过程所需音系操作数为二。根据经济原则，第二方案要优于第一方案，"<H+<L"也就是最终的变调结果。

由以上分析，我们得出如下结论：天津话二字组连读变调的音系过程在管辖音系学声调理论框架下可以得到完满解释。变调过程中需经历若干变调音系操作，每一操作的施用都是在变调触发条件、操作施用原则、变调制约条件以及该声调系统允准制约条件的共同作用下完成的。变调推导过程涉及的仅是纯粹的制约条件，没有规则，也不存在规则施用的顺序问题——每一环节都符合最简假设，整个过程水到渠成。总之，管辖音系学能在自足、注重结构分析的体系中为静态的调型表征和动态的变调过程给出统一的解释。

第四节 讨论

一 管辖音系学视角下普通话与天津话"上上变调"的异同

普通话和天津话中都有"上上变调"这一连读变调现象。二者的异同何在？回答这一问题之前，我们须先分析普通话的"上上变调"。这将涉及以下三个问题：在普通话里，为什么只有"上上变调"才具音系学意义？这一变调过程为什么会发生？又是如何发生的？

在普通话的四种调型中只有上声是低调居主位。主位低调使得上声在连贯语流中的表现异于其他3种调型。因此，在因违反OCP2而可能产生变调的同调型二字组（"上声+上声"和"去声+去声"）中，只有"上声+上声"出现了变调。变调过程中，为避免相继的重复调型，"LH"的变调操作空间为｛"删除某调元"｝。根据删除的原则，我们应该优先删除非主位调"H"。这势必形成"L>+LH"，违反了OCP3的变体条件OCP（*LL.L），同时也会导致变调域调型缺少高调元，有悖于普通话声调系统的允准制约条件——

"调型中须有高调元"。故改而删除主位调"L",形成"Ḣ"调型,由于普通话允准制约条件中没有"主位必有调"的制约,因而没有"邻接"操作,"H"仍居非主位,且不能延伸至"˳"。

综上所述,普通话与天津话的"上上变调"有着共同的触发条件——OCP2,而且变调结果都是"˳ Ḣ"。然而,由于这两个声调系统对于主位的设定不同,变调结果的语音实现也就存在差异:普通话是主位居首型,上声"LḢ"变调调型"˳ H"中的"H"无法左向延伸,其语音解释为35;而天津话是主位居尾型,上声"LḢ"变调调型"˳ Ḣ"中的"H"须强制性左向延伸,其语音解释为55。

二 管辖音系学解释的简洁性

路继伦(1997:67—72)提到,天津话"阴平+阴平"二字组除变为"上声+阴平"外,还出现了"阳平+阴平"的新变调。下面我们通过重新审视"阴平+阴平(≤L+≤L)"的变调过程,为这一新的变调可能性提供形式上的解释。

首先让我们回忆一下,"阴平+阴平"的变调域调型"≤L"的变调操作空间为: {1. 删除主位调"L";2. 增加"Ḣ"}。如前所述,按第一种方案会形成变调结果"LḢ+≤L"。但如果采用第二种方案呢?根据增加的原则,应该考虑在非主位增加"H"。增加(操作一)后,调型组合变成"HL+≤L",违反变调触发条件 OCP4,再删除(操作二)"L",变调域调型变为"H˳"。根据邻接原则,"H"须邻接(操作三)至主位,变调域调型变为"˳ Ḣ"。其中"H"

强制性延伸，形成变调结果"<H+_ L"。两种方案实施变调所需的音系操作数都为三，经济性上不分伯仲。这就不难理解为什么"阴平+阴平"会有两种不同的变调路径了。

在优选论的分析（王嘉龄，2002：367）中，候选项"阳平+阴平"之所以没有成为"阴平+阴平"变调的优选项，是因为它违反了"不变调"制约条件两次，而优选项"上声+阴平"仅违反该制约条件一次。这两个候选项在优选论分析竞赛表中的差别仅此而已。若要构建有"阳平+阴平"变调结果的语法，也就是说，如需在优选论分析中淘汰"上声+阴平"，这势必要增加制约条件才能办到。而且即使增加了制约条件，由于优选论的并行处理机制，很难看出"阴平+阴平"为什么会有如此新的变调式，且变调过程都涉及了何种具体音系操作。相比之下，管辖音系学的解释却是相当简洁的。

第五章

调型的结构

如前所述，关于调型结构，我们认为在模板语言里，调元分别连接于核心（Nucleus）的操作符位，而主位调元携非主位调元投射到调型层上。为方便讨论，我们将声调结构示例图（前文，图1）重绘如图5所示。其中，TP（Tonal Pattern）是调型内主位声调的最大投射。

调型内的延伸操作为单向，由主位决定，且是主位调的专属操作。而对于调型间的延伸操作，我们假设可以为双向；且主位、非主位均可延伸；主位调延伸后，其调型内延伸能力实现与否是参数化的。

由主位性决定的调型的非对称内部结构是管辖音系学声

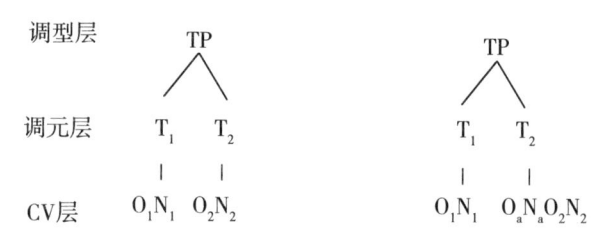

```
调型层            TP                    TP
                 /\                    /\
调元层         T₁  T₂                T₁  T₂
               |   |                  |   |
CV层         O₁N₁ O₂N₂              O₁N₁  OₐNₐO₂N₂
```

图 5　声调结构

注：设 T_2 为主位调。其中，O_aN_a 为扩展模板。

调理论的重要特点之一。主位性及管辖关系对声调音系过程具有决定性的制约和影响。下面就主位与管辖允准、主位与声调延伸、主位与高、低调的不同属性以及主位对音系操作的制约作用等问题进行分析和探讨。通过对广州话变调及厦门话和德州话变调表现出来的环流变调等现象的剖析，我们将对声调音系过程的发生和推导的非任意性有一个更为清晰的认识。

第一节　广州话的变调

广州话的变调有连读变调以及语法、语义驱动的名词性变调、称谓变调和叠音变调等等。

53 和 55 调间相互交替的连读变调发生在阴平字上。当上阴平或下阴平字处于前字的位置时，可能会发生连读变调，而且主要发生在词或词组内部。当上阴平 53 调字处于非高起头的字之前时，一律念 53 调。而处于一个念高起头的调子的字之前时，变调为55调。当下阴平55调字处于一个非高起头的调子（即除53和55调以外的声调）的字之前时，往往念回历史上的本调53调。但也经常有不发生变调的情况。变调为35的连读变调可以发生在除阴平字以外几乎所有调类的字上。此外，名词性变调、称谓变调和叠音变调都有变调55调或35调的趋向。其中，变55调的是上阴平字，而变35调的是非高的其他声调。（广州市地方志编纂委员会）

综上所述，广州话除了基本字调以外，有两个变调，一个是高平变调，即变调为55，一个是高升变调，即变调为35（包智明等，1997：117；袁家骅等，2001）。这种区分是从它们的语音表现形式上进行的。如果从触发变调的条件来看，除连读变调是由语音条件触发的以外，其他几类变调的条件要么是语法的，要么是语义的。但语义、语法因素驱动的变调仅是个别现象，而且连调组的变调方式以后字变调为主，只是偶尔出现前字变调（袁家骅等，2001：187—189）。

一 以往对广州话变调的描写和解释

基于广州话的变调事实，经典生成音系学（SPE范式）和自主音段音系学都有各自的描写和解释。下面分别介绍它们的分析过程。为讨论的方便，我们仍以包智明等人（1997：117）和侍建国（1997：39）所举的例子[①]来加以说明。

---

① 这些例子原出自袁家骅等（1989：186-191）。

（10）高平变调：a. 医生 53+53→53+**55**① 西装 53+53→53+**55**

b. 春天 53+53→**55**+53 乡村 53+53→**55**+53

（11）高升变调：a. 公园 53+21→53+**35** 厨房 21+21→21+**35**

书友 53+13→53+**35**

宵夜 53+22→53+**35**

b. 绒衫 21+53→**35**+53 房门 21+21→**35**+21

画报 22+33→**35**+33

c. 亚陈 33+21→33+**35** 亚李 33+13→33+**35**

用经典生成音系学规则的办法描述这两种变调，可以表达为以下两条规则：

（12）[+高，-升] → [-曲折]
（13）[-高] → [+高，+升]

规则（12）把非上升的高声调调型，即 53 调，变成高而平的调；规则（13）把非高调的声调调型变成高而升的调（包智明等，1997：118）。这两条规则仅对变调进行了描写，并没能对变调做出解释。为弥补经典生成音系学线性分析方

---

① **黑体**表示变调。

法上的不足，自主音段音系学做出了新的尝试。

自主音段音系学的分析方法是将声调层与音段层分离，并引入"浮游声调"的音系实体。浮游声调就是漂浮的声调，它是一种在底层结构中不与载调单位（TBU）相连接的声调。它的提出最初是为解释非洲语言中域高声调（register tone）变调现象的。

对于广州话后字变调的情况，侍建国（1997：39）认为可以采用 Yip（1980，1990）的分析方法，设定一个高调后缀语素附着在后面，它实际是个浮游声调。这样，连读变调过程可以看成是原字调的起始音高与这个浮游声调连接，再借助一条删除规则，删除原字调的结束音高特征。而针对二字组前字变调的情况，他认为需要把浮游声调的连接方式略做调整，将它连接到第一个音节上。① 当然，这样一来，他也承认这个浮游声调就不能看成是后缀语素了。但他同时认为，从广州话的变调调型都以高调结束这一现象看，假设一个高调值的浮游声调的做法，能更好地说明变调的特征，既明确又简单。

用浮游声调来说明变为高调的结果，确实不失为一种简明的解释。我们可以认为这个有着高调特征而又不与任何具体载调单位相连接的浮游声调具有语义或语法上的意义。也就是说这个表现为浮游声调的语素有着或昵称，或名词符号，或某种语法范畴的语言学价值。不过，虽然这些语义、语法因素驱动的变调与连读变调有着相同的语音表现，我们却不能也用浮游声调的处理方式来解释连读变调。因为如果

---

① 至于为什么不连接到末音节，而需要连接到第一个音节，侍建国（1997：39）并未给出解释。

那样做,这个浮游声调就是一个仅有高调形式而无任何意义的音系成分,其动因值得商榷。为了给包括语法、语义变调以及连读变调在内的各类型变调以统一的解释,恐怕更具解释力的是,不去认为这个高调来自变调"音节"(在声调层面来说即"调型")之外的某个语素,而是在更深的层次上,在变调"音节"内部找到动因。

此外,采用浮游声调的分析方法,虽然在一定程度上可以解释高调的来源,却不能清晰说明为什么有着不同音高起点的阳平、阳上、阳去和阳入在连接上浮游的高调语素之后,都能获得相同的起始音高"3"而一致变为高升的"35"调。通过管辖音系学声调理论的分析,这一问题也能迎刃而解。

二 广州话变调的管辖音系学分析

为了更清楚地进行解释,我们对前面的例子用管辖音系学进行声调表征如(14)和(15)。

(14)高平变调:a. 医生 H_ +H_ →H_ +**H**>
西装 H_ +H_ →H_ +**H**>
b. 春天 H_ +H_ →**H**>+H_
乡村 H_ +H_ →**H**>+H_
(15)高升变调:a. 公园 H_ +_L→H_ +_**H**
厨房 _L+_L→_L+_**H**
书友 H_ +L_ →H_ +_**H**
宵夜 H_ +L>→H_ +_**H**

b. 绒衫 $\underset{\cdot}{\text{L}}+\underset{\cdot}{\text{H}} \to \underset{\cdot}{\text{H}}+\underset{\cdot}{\text{H}}$
   房门 $\underset{\cdot}{\text{L}}+\underset{\cdot}{\text{L}} \to \underset{\cdot}{\text{H}}+\underset{\cdot}{\text{L}}$
   画报 $\underset{\cdot}{\text{L>}}+\underset{\cdot}{\ } \to \underset{\cdot}{\text{H}}+\underset{\cdot}{\ }$
c. 亚陈 $\underset{\cdot}{\ }+\underset{\cdot}{\text{L}} \to \underset{\cdot}{\ }+\underset{\cdot}{\text{H}}$
   亚李 $\underset{\cdot}{\ }+\text{L} \to \underset{\cdot}{\ }+\underset{\cdot}{\text{H}}$

袁家骅等学者（1989：190）曾就广州话的变调做过总结："变调绝大多数出现在连读的后一音节，连读的前一音节变调的很少。"我们认为，后字变调是广州话变调的缺省方式，如果将它作为变调的常规形式，则前字变调就是例外现象。这就是说，在以上例词中，（14b）和（15b）都是变调的例外情况。至于导致这些例外情况的原因是什么，目前尚没有很好的解释。①

如果认为前字变调，即（14b）以及（15b）中的"绒衫"，是典型的连读变调，并认为它们在变调后前字以高调结束是连读条件下由后字的高调逆向同化所致，那么又如何解释同样是前字变调的（15b）"房门"和"画报"呢？这些例词的后字中并无高调，也就无所谓高调的逆向同化了。自主音段音系学的处理办法就是认为有个浮游声调的词缀，并以这个浮游声调的逆向连接来实现。但是如前所述，这个缀在汉语中的地位值得商榷。我们认为，不论是前字变调还是后字变调，音系上的操作即是在变调域内增加高调元。即使是（14b）以及（15b）"绒衫"所表现出来的看似典型的

---

① 我们推测，这种例外现象可能有着节律或形态的原因，也可能有着历时语言学的解释。但由于本书重点探讨的是变调音系机制，对变调音系外因素的探求将是进一步研究的课题。

连读变调，也是通过前后调型间的相互作用而实现的。为保证与后字高调衔接，前字调型内需要增加高调，这在高平变调中表现为主位调元的右向延伸（其结果就是调型交替）；在高升变调中则表现为允准制约条件作用下的调型交替。如果这种关于连读变调音系操作的假设成立，那么后字变调也是通过与此相同的音系操作而实现的。

因此我们的观点是，这两种变调现象，不论是由语音条件触发的还是语义、语法因素触发的，都是变调域调型内增加高调元使然。其变调过程是在触发条件满足后，变调域调型为实现高调性而自主完成的。这一过程不论是在词中还是词末都是一样。

下面我们具体分析变调所经的音系过程。先看高平变调，以"春天 H_ +H_ →H>+H_"为例。为完成变调，需在变调域"春"字的调型"H_"中增加高调。此操作过程须遵循管辖音系学声调理论中"增加"的原则——增加的调元优先考虑连接至非主位（增加的调元在"主位必有调"的系统中，优先考虑连接至主位，其他系统中优先考虑连接至非主位。因广州话声调允准制约条件中没有"主位必有调"的条件，所以增加的高调"H"应优先考虑连接非主位）。连接后势必产生违反允准制约条件 OCP1（*XYX…，X ∈ {H, L}, Y ∈ {H, L, ø}; X≠Y）的调型"HH"，因而改由主位调元"H"右向延伸来实现。这样，在高平变调里，变调前的调型为"H_"，变调后的调型为"H>"。也就是说，变调前调型中的主位的高调不延伸，而变调是通过主位高调的延伸来实现的。不延伸时，占位元素"_"（无调）的语音解释为中调，调值为"3"。延伸后，无调的位置获得

第五章 调型的结构

来自主位的高调，其语音解释为高调，调值为"5"。

再看高升变调的情况。高升变调中变为"‿H"的有"‿L""L‿""L>"和"‿ ＿"等几类调型，没有已有高调元素的调型。也就是说，在广州话的高升变调中只会涉及底层没有高调的调类。由此可以看出低调在广州话中表现出的欠稳定性。下面以"‿L""L‿""L>"的变调过程为例分别进行剖析。

"‿L"→"‿H"：以"公园 H＿ +‿L→H＿ +‿H"为例进行说明。需在变调字"园"的调型"‿L"中增加高调，根据前述的有关"增加"的原则，增加的高调"H"应优先考虑连接非主位，所以先删除非主位的"L"再行连接。产生结果调型"‿H"，语音表现为"35"。

"L‿"→"‿H"：以"书友 H＿ +L‿ →H＿ +‿H"为例进行说明。在变调字"友"的调型"L‿"中增加高调，根据前述的有关"增加"的原则，增加的高调"H"应优先考虑连接非主位，连接后形成"LH"。因广州话声调的允准制约条件中有"每种调型至多只有一个调元"的制约，必须删除居主位的低调"L"，从而产生结果调型"‿H"，语音表现为"35"。

"L>"变调为"‿H"的过程与"L‿"的相同，它们仅是底层调表达上的差异，既非主位是否能从主位获得主位低调的延伸，但这并不影响变调过程。

最后，我们需要说明当前字和后字都有可能产生变调时，为什么实际仅有一字发生变调而不是两字都变。比如，"医生 H＿ +H＿ →H＿ +H>"（高平变调），而不是"H＿ +H＿ →H>+H>"。还有"厨房‿L+‿L→‿L+‿H"（高升变调），而不是"₋L+₋L→₋H+₋H"。我们认为这其中的原因在于当音系外因素决定某字须先变调时，此字变调完成后变调的触发条件就不再满足，另一个字也就不需要变调了。其次，如果像"医生 H₋+H₋ → *H₋>+H₋>"和"厨房₋L+₋L→ *₋H+₋H"一样两字都变的话，变调结果就违反了OCP，而变调过程不应产生违反OCP的表达式。[①]

第二节　环流变调的管辖音系学解释

环流变调是指在连读条件下，某声调系统内各调类间呈现的一种调值表现上的链状交叠更替的变调循环。这种现象在厦门话和德州话等方言中有着典型表现。其成因和变调机制引起了语言界的广泛讨论，其中不乏历史语言学的思考和共时语言学的探求。本书以管辖音系学声调理论为理论框架进行分析，指出声调结构及声调表征能为环流变调的推链起始及单调性变调路径提供形式语言学的解释。下面我们先看看环流变调的语言学事实并对以往的解释做简要介绍。

一　厦门话的环流变调

厦门话有七个调类，不同的学者有着不同的调值描写，

[①] "₋H+₋H"（阴上+阴上）二字组的底层形式却能如实地在表层得到体现，而没有违反OCP，这就是"祖父效应（Grandfathering effect）" McCarthy（2002）。其基本思想是底层已存在的标记性结构在表层允许出现，而表层不应产生新的标记性结构。

如表1所示。本书结合各家的记音,采用陈忠敏(1993:56)和刘俐李(2002:179)研究论文中的调值描写。

表1 厦门话声调系统

调类	阴平	阳平	上声①	阴去	阳去	阴入	阳入
罗常培(1930)	55	24	51	11	33	32	4
袁家骅(1989:240)	55	24	51	11	33	32	5
李如龙(1962)	44	24	53	21	22	32	4
周长揖(1993)	55	35	53	21	11	1	5
黄典诚 李如龙(1998)	44	24	53	21	22	32	4

关于厦门话二字组前字的变调,罗常培(1930)曾引用周辨明所做的归纳:"阴平、阳平变阳去,上声变阴平,阴去变上声,阳去变阴去,阴入变阳入,阳入变阴去。"李如龙的《厦门话的变调和轻声》将前字为阴入的变调分为两类:收-p、-t、-k尾的变同阳入,收-ʔ尾的多数变同上声,少数变同阳入。周长揖的《厦门方言词典》进一步将前字为阳入的变调也分为两类:收-p、-t、-k尾的变同阴入,收-ʔ尾的多数变同阴去,少数变同阳去。黄典诚、李如龙的《福建省志·方言志》与李如龙旧说基本相同,但将阳入变同阴去改为变同阴入。

概括起来,对于舒声调的变调规律,各家均无不同。但对于入声调,各家看法则稍有不同,可总结如下:收-p、-t、-k尾的阴、阳入交替变调;收-ʔ尾的阴入字变为上声(李如龙,1962;周长揖,1993;黄典诚、李如龙,1998);

---

① 阳上已并入阳去。

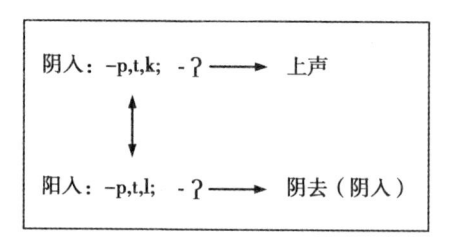

```
阴入：-p,t,k; -ʔ ⟶ 上声
         ↕
阳入：-p,t,l; -ʔ ⟶ 阴去（阴入）
```

图 6　厦门话变调（入声调）

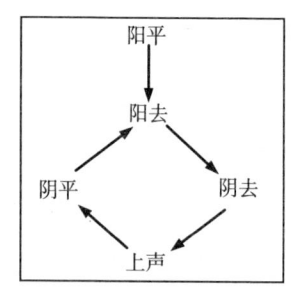

```
          阳平
           ↓
          阳去
         ↗    ↘
      阴平      阴去
         ↖    ↙
          上声
```

图 7　厦门话变调（舒声调）

收-ʔ尾的阳入字一说变为阴去（周长揖，1993），一说变为阴入（黄典诚、李如龙，1998）。如果不考虑入声调，舒声调的变调规则可以看成一个变调环，如图 7 所示。而入声调的变调规律则可以归纳如图 6 所示。

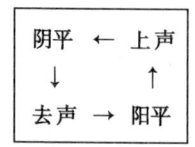

```
阴平 ← 上声
 ↓     ↑
去声 → 阳平
```

图 8　德州话轻声前变调

二 德州话轻声前变调

德州话共有四个调类。表2给出了德州话各调类的单字调值和轻声前变调的情况。(曹延杰,1991:7,54)德州话轻声前的变调也是一个变调环,平山久雄(1998:8)曾将其概括为作为单字调出现的四个调位在轻声前分别向逆时针的方向递换为毗邻的第一个调位,如图8所示。

表2 德州话声调系统及轻声前变调

调类	阴平	阳平	上声	去声
调值	213	42	55	21
轻声前变调	21	55	213	42

三 以往对环流变调的解释

针对厦门话的声调问题,平山久雄(1981)曾从历时语言学视角提出"调值演变的环流"说,他认为末位音节的高平调(阴上55)难以将高调维持,逐渐变成了高降调,并以此为始,发生推链音变链移:原来的高降调(阴去)变成了低降调,导致原来的低降调(阳去)变成了低平调,原来的低平调(阴平)又变成了高平调。只有阳平不在这一链中。据此,他提出一套声调演变的普遍规则:高平调易变高降调,高降调易变中降调或低降调,甚至平调,降调末尾又可以添上升尾,低平调易变中平调或升调,中平调或升调又易变高平调。如此循环往复。

关于德州话的轻声前变调,平山久雄(1998:8)认为,轻声前变调保留着比单字调早一层的调值状态，也有着与厦门类似的推链式循环演变，不过产生的条件有所不同。厦门话里，调值的循环演变只发生在字组末音节（除轻声音节外）。德州话的轻声音节曾与前面的音节贴合得极紧，抑制了前面音节音势衰弱，所以使之保留了早一层的调值状态。而厦门话的轻声音节则反而削弱了前面音节后半部的音势，使高平调容易变降。

刘俐李（2002：179）认为，为了解释汉语连读变调类型的多样性，需要具概括力和解释力的连读变调的普遍法则。她提出字组的匹配要求和变调的位置要求是控制变调的核心因素，但也承认这需要更高程度的抽象。

李小凡（2004a：91）在他对汉语连读变调所做的分类里将厦门话的变调划归为中和型连读变调。① 他认为，厦门方言单字调系统比较稳定，单字调一般都拒绝中和。尤其当两个单字调同时与第三个单字调发生相同的中和型变调时，中和的力量增强，使这两个单字调都变得与第三个单字调相同，而第三个单字调仍抗拒中和，遂变成另一个单字调。具体到厦门话里就是：阴平和阳平分别变同阳去，阳去则拒绝中和，变同阴去，结果是阴平和阳平发生中和；阳去变同阴去后，阴去拒绝中和，变同上声，一部分阴入字也变同上声，阴去和这部分阴入遂中和为上声，而上声则拒绝中和，变同阴平（阴平已变阳去故不存在接受还是拒绝中和的问

---

① 作为字组前字，一个声调 A 发生变异后并不产生新调值，而是变同另一个单字调 B，调 B 若不发生相应变化来保持两调的区别，就是接受中和，A、B 两调便在该位置上失去对立。若调 B 发生相应变化来保持两调区别，就是拒绝中和。中和型连调可以减少连调式的数量，从而简化连调系统，同时也就打破了连调式与单字调一一对应的固有格局。（李小凡，2004a：91）

题);另一部分阴入变同阳入,阳入拒绝中和,变同阴入(阴入已变同上声或阳入)。

我们认同平山久雄和李小凡关于环流变调过程中涉及的中和与拒绝中和过程所做的分析,因为这是链式音变的实质所在。但对于环流变调的推链起始,基于管辖音系学我们却有着不同的认识。

在共时语言学视角下,Yip(1980)并不赞同 Cheng(1973)对台湾闽南话(Yip 文中称作"Coastal Amoy")变调的处理。首先,她认为 Cheng 构建规则时结构环境描写所引用的是构词因素,而非音系因素。其次,她认为 Cheng 的模型仅能解释台湾闽南话,而不能在更具普遍意义的层面上对闽南话(包括 Yip 文称作"Inland Amoy"的厦门话)做出概括。

在厦门话底层调是单字调还是变调的问题上,Yip(1980)首先认为不同方言的底层调应根据自身的系统而具体分析,有可能是单字调,也有可能是变调。依据变调里有调类中和现象,Yip(1980:321)将厦门话的单字调设定为底层调。本书认同 Yip 的观点,也将厦门话的单字调设定为底层调。

Yip(1980)构建了三条变调规则来描写单字调的变调过程。但在将阴去的单字调"21"和阳平的变调"21"都处理成低平调,而将阳入的变调"21"处理成降调的问题上,她承认这样做有些随意。

我们认为,既然厦门话与台湾闽南话各调类的单字调相同,而变调在某些调类上不同,这说明变调具有语音学动因的这种认识可能并不完全正确,至少在某些方言上是如此。

本书仅对厦门话的环流变调做出分析，至于台湾闽南话表现出来的不同的环流，我们拟处理成另外的机制，留待进一步研究。

四 环流变调的管辖音系学解释

如前所述，我们将厦门话的单字调设定为底层调。构建厦门话的声调系统模型须对单字调的调值表现进行分析。经过观察舒声调①单字调，我们发现，阴平为高平调，阳平为高升调，上声为高降调，阴去为低降调，而阳去为中平调。因此，我们有高、中、低三级音高对立，这需要用复杂型系统来进行表征。我们将调型内延伸操作设定为强制性，因为这样的设定对系统来说是最简单的，不需要指定延伸的额外条件。考虑到阳平是高升调（其音系表达一般设置成"_H"），如果设定主位居尾的话，其主位上的高调元就会强制性左向延伸，从而形成"<H"，即高平调。为了产生高平和高升两种调型，就需要在阳平字的词库内设置禁止延伸的标记。这样做不如将主位设定在首位更好，因为主位在首的话，高平调就表征为"H_"，而高升调表征为"_H"。前者的高调元强制延伸形成高平调，后者的高调元因在非主位，不能左向延伸，也就只能实现为高升调。综合看来，强制性延伸和主位居首的设置是比较简明、经济的。

根据延伸和主位的设置，我们有舒声调各调类的底层表

---

① 入声调的调型结构与舒声调的相同，之所以它们之间有着不同的语音表现，那是由不同的音段结构决定的。

达：阴平为"H>"，阳平为"_ H"，上声为"HL"①，阴去为"_ L"，以及阳去为"_ _"。为了排除"LH""L_"两种声调组合，我们需要制定允准制约条件——"低调不居主位"。这样，厦门话的声调系统可以归纳为（16）。

(16) 厦门话声调系统
 a. 声调类型：复杂 I 型；
 b. 声调延伸：强制性，H，L；
 c. 声调主位：主位居首；
 d. 允准制约条件：1. OCP1（*XYX···，X ∈ {H, L}，Y ∈ {H, L, ø}；X ≠ Y）；
       2. 低调不居主位，即 *X̣，其中 X=L。

由（16）可以生成厦门话声调系统中的各个调类：H>（阴平，55②；阳入，5）；_ H（阳平 35）；HL（上声 53）；_ L（阴去 31；阴入 31）和 _ _（阳去 22）。

厦门话二字组是抑扬格的节奏模式（Yip，1980：321）。抑扬格中处于弱读音节的调型将趋向于中和，因此表现为前字变调。③ 在厦门话里，当一个调型变为另一个调型，将要

---

 ① 这里考虑到有的学者将上声记作 51，因此用 HL 来表征这一高降调。
 ② 结合以上各家的记音，采用陈忠敏（1993：56）和刘俐李（2002：179）研究论文中的调值。
 ③ 陈渊泉的观点不尽相同，他虽承认节律的作用，但认为还应考虑其他因素（Chen，2001）。相关讨论还可参看钟荣富（Chung，1989）与林若望（Lin，1994）的论述。

发生调类中和时，目的调型就被引发变为另一个调型。这样，整个系统还是保持着整体上的对立。那么，连锁变调首先是由哪个调型开始引发的呢？在李小凡（2004a）的分析里，他并未说明环流变调开始时为什么阴平和阳平首先要分别变同阳去。对此我们的解释是：由于弱读音节里最容易发生变化的是结构上最不稳定的调型，而厦门话里只有阳平是呈弱势管辖关系的调型，自然就是由它开始变调循环的。因此，"不允许弱势管辖"也就成为变调的触发条件。

（17）是厦门话二字组变调的管辖音系学模型。

（17）厦门话变调系统

变调触发条件：＊弱势管辖。（高调不居非主位，即＊X，其中 X＝H。）只有阳平为弱势管辖，所以它是变调之始。

变调制约条件：1. 遵守允准制约条件；2. 拒绝中和；3. 禁止回溯；4. 不违反变调触发条件。

变调系统中有两条制约条件需要说明，其一是拒绝中和，其二是禁止回溯。

一般认为，中和现象是历史音变的结果。拒绝中和是历史音变过程中对中和过程的反动，其实质是维持系统的对立格局，保持语言符号的清晰性。作为共时语言学的生成音系理论，对中和与拒绝中和的过程如何进行形式化呢？或者说，"拒绝中和"能作为变调制约条件存在于形式音系理论吗？

当某个调类变同另一调类，且中和过程顺利完成，此时，整个变调系统就需要在原有系统允准制约条件之外增加其他允准制约条件来剔除被中和吸收的调类。如果拒绝中和的话，系统对立仍旧保持，也就不需要增加允准制约条件了。如此看来，保持原有数目的对立能尽可能地减少新增或改变允准制约条件的可能性。具体到厦门话里，当最初阳平 Ḣ 变同阳去 ˍ ˍ，变调系统就失去了 Ḣ 的表达需要，此时变调系统可以看作是允准制约条件"低调不居主位"与变调触发条件"高调不居非主位"交集共同作用的结果，如图 9 所示。

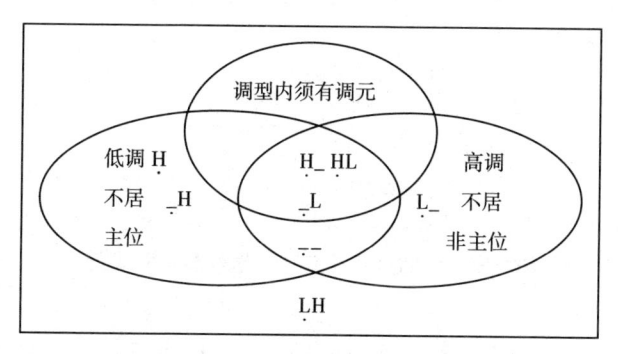

图 9　产生变调系统的制约条件交集示例

接下来，阳去 ˍ ˍ 进一步变同阴去 ˍ L，若中和过程顺利完成，则系统又要失去 ˍ ˍ 的表达需要，这可以通过增加制约条件"调型内须有调元"来实现（见图 4）。系统内调类越少，制约条件就越多，如果变调系统最终成为新的单字调系统，那么规约新系统的允准制约条件就变得相对繁复。因此拒绝中和，尽量保持原系统对立格局是声调系统为避免因发展变化而导致允准制约条件体系趋于繁复而采取的一种自身恒定机制。当然，声调系统发展后多个允准制约条件能被等价的单一允准制约条件所替换，或由复杂型系统直接"突变"为简单型系统，这样的发展变化因不需要系统付出较大代价而成为可能。

下面看看回溯的问题。变调所表现出来的声调间的交叠更替有多种形式，如"回弹式"变调和链式变调。允许回溯可以成就"回弹式"变调，如潮阳话阴、阳入间的变调（张盛裕，1979：94）；而拒绝回溯则能促成链式变调。

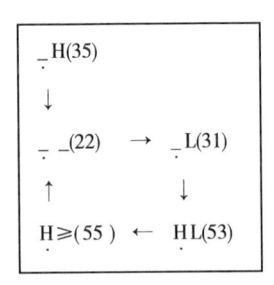

```
    ̣H(35)
     ↓
   ̣ ̣(22)  →   ̣L(31)
     ↑            ↓
  H≥(55)  ←   HL(53)
```

图 10　厦门话的声调环流（管辖音系学声调表征）

厦门话具体的变调过程能用图 10 表示。由于 ̣H 呈弱势管辖，H 删除后即呈强势管辖的 ̣ ̣，而原 ̣ ̣ 调型受变调制约条件 2（拒绝中和）的作用，引发变调，此时变调操作空间为：{1. 增加"H"；2. 增加"L"}。由于操作方案 1 将使变调调型回到 ̣H，而违反变调制约条件 3（禁止回溯），所以按操作方案 2 变调，增加"L"。根据增加的原则，"L"需增加到非主位，即形成 ̣L。这一调型不违反任何制约条件和允准制约条件，成为合法变调结果。

但这样做的后果是原 ̣L 调型受变调制约条件 2（拒绝

中和）的作用，从而引发变调。而变调操作空间为：｛1. 删除"L"；2. 增加"H"｝。按操作方案 1 实施变调，变调调型将回到＿＿，而违反变调制约条件 3（禁止回溯），所以按操作方案 2 变调，增加"H"。根据增加的原则，"L"需优先考虑增加到非主位，但由于非主位已有调，转而增加至主位，形成结果调型 HL。进而，原 HL 调型受变调制约条件 2（拒绝中和）的作用，引发变调。而变调操作空间为：｛1. 删除"L"；2. 删除"H"｝。删除"H"会导致变调制约条件 3（禁止回溯）被违反，故改为按方案 2 变调，删除"L"后，形成调型 H_，由于非主位已空，主位调"H"强制性延伸至此，形成高平调 H>。最后，原 H>调型则因受变调制约条件 2（拒绝中和）的作用，引发变调，此时变调操作空间为：｛1. 增加"L"；2. 删除"H"｝。如前，操作方案 1 将使调型回到 HL 而被放弃。按方案 2 变调，删除"H"后，调型变为＿＿。如此，一个环形变调过程就已完成。那么，如果＿＿再继续变调，会否回到＿H 呢？答案是否定的。因为此时的变调操作空间为：｛1. 增加"H"；2. 增加"L"｝。按操作方案 1 实施变调，变调调型将变为＿H，而违反变调制约条件 4（不违反变调触发条件）。因此，仅能按方案 2 变调，增加"L"，变成"＿L"，与实际变调情形相吻合。

关于厦门话的声调环流变调，平山久雄（1981）先从语音上假定高平调在某个条件下难以维持，由此成为链式变调之始。至于随后的推链演进，调类间交替的环环相扣，他所做的假设似乎也难以让人完全信服。如前所述，李小凡（2004a）对此提出了质疑，而他对推链起始也做出了自己新的解释——多调类的中和与拒绝中和的相互作用，但对于推链演进各环节也同样缺乏论证。我们不知道为什么阳去要变成阴去，阴去又进一步变成上声，而不是其他可能。管辖音系学利用各调类在调型结构上的区别，辅以变调的原则与参数系统，不但为推链变调的出发点提供了形式化解释，而且为推链单调的演进路径提供了形式化论证。

下面我们再来看德州话变调的解释。根据德州话的单字调与变调，可以建立其声调系统如（18）。

(18) 德州话声调系统

a. 声调类型：复杂 I 型；

b. 声调延伸：强制性，H，L；

c. 声调主位：主位居首；

d. 允准制约条件：1. OCP1（*XYX…，X ∈ {H, L}，Y ∈ {H, L, ø}；X ≠ Y）；

2. 主位必有调，即 Ẋ，其中 X ∈ {H, L}。

由（4）可生成德州话声调系统：LH（阴平，213）；HL（阳平，42）；H>（上声，55）和 L>（去声，21）。

德州话轻声前变调所呈现的变调循环与厦门话二字组变调有着共同的音系学解释。但不同的是引发变调的条件有所不同。厦门话是由于节律的关系，而德州话变调的动因则来自字组内声调层的内部。由于这样的二字组有着扬抑格的节奏模式，而弱读音节上的声调中和程度相当高——所有的声调对立在此音节全部消失。因此,管辖音系学将此类"音节"处理成不完全的音系范域,这种音节在音段层的表达就只有一对 O、N 成分(吴英成,2003:453),而在声调层也就只有一个位置。而且这个位置不是主位,其由前一"音节"允准。这样,轻声前音节的主位需要同时允准它自身调型内的非主位和轻声音节的位置。这就要求这个主位具有相当的允准力。由此,呈弱势管辖的阴平开始引发连锁变调。

(19)是德州话轻声前变调的管辖音系学模型。变调触发条件与变调制约条件与厦门话的基本一致,差别仅是没有"不违反变调触发条件"这一制约条件。这使得德州话的变调环成为真正意义上封闭的环,请见图11。

(19)德州话变调系统

变调触发条件:*弱势管辖。(高调不居非主位,即 *X,其中 X=H。)

变调制约条件:1. 遵守允准制约条件;2. 拒绝中和;3. 禁止回溯。

变调环由呈弱势管辖的调型 L̇H 开始。变调操作空间为:{1. 删除"L";2. 删除"H"}。由于德州话声调系统为"主位必有调",所以方案1不适用。按方案2变调,形成 L̠>。而原 L> 调型受变调制约条件2(拒绝中和)的作用,引发变调,此时变调操作空间为:{1. 删除"L";2. 增加"H"}。方案1的施用将导致整个调型内无调,违反"主位必有调"的允准制约条件,故采用方案2。增加"H"至非主位的话,将导致变调制约条件3被违反,"H"只能增加至主位了。而主位有调，声调系统又是复杂 I 型系统，不允许"H"和"L"连接于一个位置，所以主位上的"L"须先行删除，删除的"L"邻接至非主位（"主位必有调"使然）。这样变调结果为 HL。

```
┌─────────────────────────────┐
│  LH(213)    ←    H≥(55)     │
│    ↓              ↑         │
│  L≥(21)     →    HL(42)     │
└─────────────────────────────┘
```

图 11　德州话的声调环流（管辖音系学声调表征）

原 HL 调型受变调制约条件 2（拒绝中和）的作用，引发变调，此时变调操作空间为：｛1. 删除"H"；2. 删除"L"｝。同理，方案 1 不适用。方案 2 的施用将形成调型 H_，由于非主位已空，主位调"H"强制性延伸至此，形成高平调 H≥。原 H≥调型受变调制约条件 2（拒绝中和）的作用，引发变调，变调结果为 LH，音系过程与 L≥变为 HL 的过程相似，在此不再赘述。在整个变调环中，调型 LH 内的管辖关系是最弱的。

由此可见，德州话的环流变调，也可以用与厦门话完全相同的形式化论证进行阐释，解释过程简洁统一。

第三节　小结

总之，低调的不稳定性在广州话中表现得淋漓尽致，但其向高调的转化须以高调的语法化为前提并在高调稳定性的基础上才能实现，管辖音系学的主位性理论能为此做出精辟的解释。较之自主音段音系学浮游声调的处理方式，管辖音系学基于声调音系结构的分析能为包括连读变调以及语义、语法变调在内的声调音系过程提供统一而原则性的解释。管辖音系学对具体语言声调结构的允准制约及其在变调过程所起的作用保证了变调后调型的结构保持（structure preservation）。在广州话的变调中，这表现为经历高升变调的各种不同底层调在表层都能获得中调起始（即变调结果调"35"的中调"3"），而浮游声调的处理模式却未能很好地解决这一问题。

　　管辖音系学利用各调类在调型结构上的区别，辅以变调的原则与参数系统，不但为推链变调的出发点提供了形式化解释，而且为推链单调的演进路径提供了形式化论证。诚然，如何将厦门话入声调的变调格局完满地纳入舒声调的变调模式是后续研究的课题。

第六章

调域的音系价值

第一节 对"调域"的认识

Yip(1980:211—245)以普通话和广州话为主要分析对象,探讨了调域特征的必要性及其在阴阳调域分化的解释中的作用。我们并不否认调域分析的解释作用,但它在音系过程的作用不宜高估。虽然调域能在共时与历时层面之间建立联系,但解释共时语音现象的音系知识对调域的依赖并不如我们想象的那么强。笔者认为,在管辖音系学理论框架内，调域的更迭乃是系统内某种音系过程发生后受制于系统允准制约条件的自然结果。

在调域分化的问题上，我们有如下看法："音节"首辅音表达中表示浊音的元素"L"延伸至韵部的音段。延伸过来的"L"连接于韵部音段的操作符位，与声调层产生融合。由此而出现"阴""阳"两个调域对立的局面。下面是广州话和松江话调域分化前后的音系表达。分化后带"L"调元的是"阳调域"。

广州话的调域分化：

分化前：平声 H_ , 上声 _ H, 去声 _ _ , 入声 H (_)
分化后：阴平 H_ , 阴上 _ H, 阴去 _ _ , 阴入 H (_)
　　　　阳平 _ L, 阳上 L_ , 阳去 L> , 阳入 L (_)

分化的音系过程：在调型中增加 L，增加的操作须遵循以下制约：

1. 广州话调型的允准制约条件：调型中最多只有一个声调。

2. 增加的原则：优先增加到非主位。

3. 延伸的原则：主位增加声调后，如非主位有调，则失去延伸能力，即使非主位调在允准制约条件作用下被删除留下空位，新增的主位调也不延伸。

松江话的调域分化：(Bao, 1990: 21)

分化前：平声 H_ , 上声 _ _ , 去声 _ H, 入声 H (_)
分化后：阴平 H_ , 阴上 _ _ , 阴去 _ H, 阴入 H (_)
　　　　阳平 _ L, 阳上 L>, 阳去 L_ , 阳入 L (_)

分化的音系过程：在调型中增加 L，增加的操作须遵循以下制约：

1. 松江话调型的允准制约条件：调型中最多只有一个声调。

2. 增加的原则：优先增加到非主位。

3. 延伸的原则：主位增加声调后，如非主位有调，则失去延伸能力，即使非主位调在允准制约条件作用下被删除留下空位，新增的主位调也不延伸。

第二节　镇江话变调的解释

汉语某些方言中的连读变调呈现出高调化的趋势，这在广州话的连读变调中是一种非常明显的表现（请参见第五章第一节）。而在镇江话的连读变调中，这一趋势并未得以充分揭示。在介绍前人对镇江话连读变调的描写和解释的基础上，笔者认为，镇江话连读变调的最终起因是变调字调型非主位的高调化，这与广州话的变调是一致的。不同的是，镇江话变调过程中由于变调制约条件的核查，最终导致高调化、低调化乃至中和调共存于系统的局面。在对镇江话变调进行解释时，我们将涉及调域表达的问题。

一　镇江话的连读变调及轻声概貌

镇江位于江苏省长江以南，东邻常州，西接南京，隔江与扬州相望。在方言地理上，这里是北方方言与吴方言两大板块的接合部，两大方言在这里发生急剧断裂。镇江方言原属吴语，它的北化是北方话板块籍政治、经济因素楔入江南的结果（笪远毅，1985：34—39）。其连读变调也呈现出北方话的一些特点。

镇江话中五调，其中去入同值，而且在连读变调中，去入的表现一样，作前字时，前后音节均无变化，作后字时，对前字的影响相同。所以去入可归为一调位。换言之，镇江话五调四位，包括中降调 42、高升调 35、低降调 31，及高平调 55 四型。

镇江话连读变调，仅后字影响前字，后字本身并无变化。前字以平调最稳定，完全不受后字影响；以降调最不稳定，中降、低降皆然，而两降调的变化亦极相似：

1. 两降调相连，前字不问高低、均转作高升变调。
2. 降调和其他调型结合，由降转平，高低按原调高低决定，所以中降前字转中平，低降前字转半低平。

表 3 镇江话连读变调表 [引自张洪年（1985：192），仅给出声调，粗体为有变调发生]

后字调前字调	阴平 42	阳平 35	上声 31	去声 55	入声 5
阴平 42	**35**+42	**33**+35	**35**+31	**33**+55	**33**+5
阳平 35	35+42	35+35	35+31	**22**+55	**22**+5
上声 31	**35**+42	**22**+35	35+31	**22**+55	**22**+5
去声 55	55+42	55+35	55+31	55+55	55+5
入声 5	5+42	5+35	5+31	5+55	5+5

表 3 是张洪年对二字组连读变调所做的归纳。

镇江话轻声主要分高低两种读法，在阳平、去声、入声之后读高调,在阴平、上声之后读低调。阴平、去声、入声作前字保持原调,但阳平作前字就转成中平调33,上声作前字改读半低平调22(见表4)。(张洪年,1985:192)

表4　　　　镇江话轻声 [引自(张洪年,1985:196)]

阴平 42+轻声→42+2	阳平 35+轻声→35-33+5
上声 31+轻声→22+2	去声 55+轻声→55+5
	入声 5+轻声→5+5

从语音上看,我们可以认为轻声调基本上是前字调的同化结果。

镇江话多字组变调分缓读和急读两种。缓读时完全按二字组变调规律变化。其变调搜索方向为左向;急读时,一般以最后两音节为重点,声调变化谨守连读变调规则。前面的字,除去入有时保留高平以外,其余一律读作中平33。去入高平调的字,假如是无关紧要的字眼,也可以读作中平。(张洪年,1985:192)

总结以上,镇江方言的连读变调以二字组变调为根本,多字组变调可以在其之上根据规律推导出来。而轻声则主要是语流中的同化现象。而镇江话变调过程中,变调域内声调所起的变化,以自主音段音系学的方法,或按王洪君所认为的调类间邻接交替的方式均不能得到透彻的解释,因为它们仅仅从变调的类型上做出了分类,并未涉及调型内所起的变化。

二 以往研究对镇江话连读变调的解释

张洪年（1985：195—196）用下面两条规律来描写镇江方言里降调变读的情形。

(20) a. 降调 → 升调 /＿＿降调
b. 降调 → 平调 /＿＿其他调
　　[α 低]　　　[α 低]

至于阳平高升调的转化，张洪年写成下面的规律：

c. 升调 → 平调/＿＿平调

包智明（Bao，1990：96—104）认为镇江话连读变调中有明显的曲折调延伸发生。对于降调的平化，他认为是前字 C 节点被删除，由后字的 C 节点延伸而成。为了解决 42 在 55 前平化为 33 而非 55 这一问题上，他制定了一条将 C 节点上 h 降为 l 的规则，且同时引入了一条缺省规则，并且延伸规则应用要先于缺省规则。而对于升调的平化，由于 35 在 55 前变调为 22，所以包智明认为阳平 35 调的音系表征为低调域升调。

王洪君（1999：251）将汉语连读变调的基本类型分为邻接交替式、自身交替式和特征延伸式三类。她认为镇江方言的连读变调（张洪年，1985）可作为邻接交替式变调的典型。邻接交替式变调的特点是：某字（一般是前字）的单字调以同一连调域中邻接字（一般是后字）的单字调为条件而发生交替。也就是说，1. 该字的连调变化既与自身的单字调有关，又与邻接字的单字调有关。2. 变化是以调型为单位的交替式变化，而不是以声调特征为单位的传递式变化。

据此，她将表 3 中阴平、阳平和上声前字的变调规律总结为：在调型方面，1. 降→升/＿降，2. 降→平/＿非降，3. 升→平/＿平；在调域方面，1. 阳→阴/升（即，如果是升调，就只有阴域的 35 这一种可能。单字调就是只有高升的 35 调，如果在连读的降变升的过程中产生了低升调，如 31→13，则低升要进一步变为高升）。

王洪君（1999：251—252）认为，在这种变调中，一个音节的调型、调域分别作为整体发生交替。降调在降调前面异化为升调，升调在升调前异化为降调，高调在高调前异化为低调，低调在低调前异化为高调等等是很常见的。而这些常见的变化都无法以自主音段声调学以声调特征为单位的模式说明，它们是一种以调型、调域为单位的交替。她还认为，这种交替式变调的另一个特点是，连字调通常是另一个单字调，也就是说，交替通常在几个单字调中换来换去。这有时需要通过调型、调域两方面的调整来实现。如上述镇江的 31+31→35+31，就既有两降相连前字异化为升，又有低升变高升的调整。而两个调整的结果是产生了 35 这个与系统中已有单字调同型的连调。又如北京的连上变调也是通过前字变升和变高几层调整而变得与单字阳平同型。（王洪君，1999：252）但也有少数的情况是连字后产生新的调型，如上述镇江的 33 和 22。这些新调通常只经过调型的调整而未经过调域的调整。

从王洪君（1999：251—252）的分析中，我们看出，调型的调整和调域的调整是相互独立的，并非受到某种原则的统一支配。在某种语言内，二者可相继发生，也可只进行一种调整。在后面的分析中，管辖音系学的声调理论将为我们带来全然不同的解释。

李小凡（2004a：20）在论及汉语方言连读变调的层级和类型时，将镇江方言的降调变调归结为语音变调中的简化型连读变调。他认为，降调的简化方式，一是变成平调，二是减少降幅。而镇江方言阴平42在非降调前变成中平调33，即是降调变平调的例子。

三　二字组连读变调的解释

下面我们以管辖音系学声调理论为分析框架，对镇江话的声调系统进行表征，并对其连读变调过程进行解释。我们认为，镇江话的连读变调可以归结为一点：变调域内非主位的高调化趋势，并由此引发的一系列调型内声调变化。

首先，我们根据镇江话各字调的语音表现，对各字调的音系价值做出如下推断：由于镇江话的入声与去声同调，因此我们只考虑四个舒声调，入声调的音系表征与去声相同。阴平调张洪年记作42，为中降调，结合整个系统来考虑，音系特征为"ML"，阳平调记作35，高升调，音系特征为"MH"；上声记作31，在系统中的价值实际为低平调，音系特征为"LL"；去声记为55，高平调，音系特征为"HH"。

由此可以得出镇江话的声调系统（21）：

（21） a. 声调类型：复杂 I 型；
　　　b. 声调延伸：强制性，右向，"H""L"；
　　　c. 声调主位：主位居首；
　　　d. 允准制约条件：1. OCP1（＊XYX…，X∈{H, L}, Y∈{H, L, ø}; X≠Y）;
　　　　　　　　　　　2. 每种调型仅有一个声调元素。

由以上制约条件生成如下声调系统：

阴平：_̣ L；阳平：_̣ H；上声：L>̣；去声：Ḥ>。入声表征为"Ḥ（_）"，由于塞尾的阻隔，"H"无法右向延伸。

根据表3，用管辖音系学声调表征，可以做出表5的变调表。观察该表，可以得出以下几点规律：

1. 前字主位为"H"的调型（去声、入声）相当稳定，任何环境中都不变调；

2. 前字主位为"_"，但非主位有高调元素的调型（阳平）较稳定，某些环境中变调；

3. 前字有低调元素"L"的调型（阴平、上声）不稳定，任何环境中都变调。

4. 在变调的十二种组合中，变调后前字和后字中不同时出现高调元素"H"，即有 OCP［＊∃xH（x）.∃xH（x）］①。

---

① 表达式中∃符号为存在量词。

由以上观察,变调的触发条件可以概括为:前字中主位为非高调元素,且二字组不为 XY.XY(其中 X≠H,Y=H)的字组产生变调,变调域为前字。

变调操作:在变调域的非主位增加高调元素"H"。

表5　　　镇江话连读变调表(管辖音系学声调表征)

后字 前字	阴平 ̣L	阳平 ̣H	上声 L̠>	去声 H̠>	入声 H(̠_)
阴平 ̣L	̣H+ ̣L	̣_+ ̣H	̣H+L>	̣_+H>	̣_+H(̠_)
阳平 ̣H	—	—	—	L>+H>	L>+H(̠_)
上声 L>	̣H+ ̣L	L>+ ̣H	̣H+L>	L>+H>	L>+H(̠_)
去声 H>	—	—	—	—	—
入声 H(̠_)	—	—	—	—	—

变调制约条件:1. 遵循允准制约条件(形成中和调的除外)①。

2. 变调后,前后字调型组合不得违反 OCP[﹡∃xH(x).∃xH(x)],否则1)删除刚增加的"H"(前字原调型非主位为"L");2)变调域内增加"L"(前字原调型非主位不为"L")。

下面分别以"阴平+阴平""阴平+阳平""阳平+去声"和"上声+阳平"为例说明变调过程。

---

① "_ _"是复杂型系统中的中和调型,可以在任何系统中出现,不受允准制约条件的制约。

1. "阴平+阴平"：

"₋L+₋L"符合变调触发条件要求，引发变调。变调操作为：在变调域的非主位增加"H"。变调域原非主位的"L"被抛弃，二字组变成"₋H+₋L"，没有违反变调制约条件，为最终变调结果。

2. "阴平+阳平"：

"₋L+₋H"符合变调触发条件要求，引发变调。变调操作为：在变调域的非主位增加"H"。变调域原非主位的"L"被抛弃，二字组变成"₋H+₋H"，违反变调制约条件 OCP［*∃xH（x）.∃xH（x）］，因前字原调型非主位为"L"，故删除刚增加的"H"，变成"₋ ＿ +₋L"不再违反变调制约条件，此为最终变调结果。

3. "阳平+去声"：

"₋H+H≥"符合变调触发条件要求，引发变调。在变调域的非主位增加"H"。此时因变调域原非主位已是"H"，不再增加（也可认为是增加了"H"，不过增加后与增加前的表征一样）。下一步进行变调制约核查，"₋H+H≥"违反变调制约条件 OCP［*∃xH（x）.∃xH（x）］，又因前字原调型非主位不为"L"，所以在变调域内增加"L"至主位，非主位的"H"自动删除（此为允准制约条件"每种调型仅有一个声调元素"使然），致非主位为空，主位调"L"再强制性向右延伸，形成最终变调结果："L≥ + H≥"。

4. "上声+阳平"：

"L≥+₋H"也符合变调触发条件要求，引发变调。在变调域的非主位增加"H"。根据允准制约条件"每种调型仅有一个声调元素"，变调域主位调"L"删除，形成"₋H +

$_{-}$H"。但这一组合违反变调制约条件 OCP [* ∃xH (x).
∃xH (x)]。故于变调域内增加"L"（因前字原调型非主
位不为"L"），增加的"L"联结至主位，非主位的"H"
自动删除（此为允准制约条件"每种调型仅有一个声调元
素"使然）。此时非主位为空，主位调"L"再强制性向右延
伸，形成最终变调结果："L≥ + $_{-}$H"。这里我们看到，由于
变调制约条件的作用，导致变调失败，最终回复到了最初的
调型组合。

关于变调需做以下几点说明。

1. 关于 22 调的处理：

在连贯语流的条件下，相同的环境中，22 与 31 并不形
成对立，故认为，22 即 31，前者仅为后者在语音上的变体，
并非调位对立。也即是说，31 变为 22 并不具有音系学意义。

2. 关于 33 调的处理：

"_ _"是复杂型系统中的中和调型，可以在任何系统
中出现。

3. 关于"阳平+阳平"不变调：

其实并非只有"阳平+阳平"不变调，在重叠调型的字
组中，除"阴平+阴平""上声+上声"中有变调发生外，
"去声+去声"和"入声+入声"也不变调。其中的道理其实
非常明了：不变调的字组调型内都有高调，而变调的字组调
型内都有低调。

四 轻声表征及解释

轻声字在音系上是不带声调且只含单核心（nucleus）的

结构，不自成音域。有关轻声在管辖音系理论中的处理，请参见吴英成（2003：454）。据此，镇江话中的轻声字的音系表征为"_"，即无调。那么它们在连读语流中呈现出的高、低调又是如何获得的呢？它们和前字又有怎样的交互呢？

根据表4，用管辖音系学声调表征理论对带轻声的二字组进行表征，形式如下：

阴平+轻声：_L+_，字组最终变调结果为：_L+L；
上声+轻声：L̲>+_，字组最终变调结果为：L̲>+L；
阳平+轻声：_H+_，字组最终变调结果为：L̲>+H[①]；
去声+轻声：H>+_，字组最终变调结果为：H>+H；
入声+轻声：H（_）+_，字组最终变调结果为：H（_）+H。

轻声实际上是从前字通过调型间延伸而获得的声调，从语音上看就是向后的同化作用：

阴平+轻声：_L+_ →_L+L；
上声+轻声：L̲>+_ →L̲>+L；
阳平+轻声：_H+_ →_H+H；
去声+轻声：H>+_ →H>+H；
入声+轻声：H（_）+_ →H（_）+H。

但轻声字在通过调型间延伸而获得声调（L或H）后，反过来对前字又起着变调触发作用。由于带轻声的二字组中前字为去声和入声与普通的二字组一样，不受后字调的影响，所以这一效应主要反映在"阳平+轻声"字组中。也就是说，阳平+轻声由_H+_推导出_H+H后，进而按二字组

[①] 张洪年（1985：196）记作33+5（_ _+H），而根据系统的预测，我们认为应记作L̲>+H。

变调为 L>+H。

为什么在去、入声加轻声的字组中没有出现这一效应呢？这是因为去、入声作为前字时，由于其主位是高调，在任何环境下都不变调，表现出极强的稳定性。

五　多字组连读变调的解释

由于缓读时镇江话多字组完全按二字组变调规律变化，所以二字组连读变调的解释完全适用这种条件下的变调，只是变调搜索方向须作设定，即左向变调搜索。

而急读时，最后两音节的声调变化谨守连读变调规则，其解释与二字组的解释相同。而前面的字，除去入有时保留高平以外，其余一律读作中平 33；去入高平调的字，假如是无关紧要的字眼，也可以读作中平。这就是说，这些位置上的调型几乎全部取中和调。这在音系学上的解释就是删除这些调型中的声调元素，形成"﹒ ＿"的表达。

六　关于调型、调域的调整

首先，根据王洪君的观点，同时涉及调型、调域调整的是由上声变为阳平。王洪君（1999：251—252）认为，镇江话二字组中上声 31 变 35 须经历调型与调域的两次调整才得以完成，而阴平 42 变 33、上声 31 变 22 仅仅经过调型的调整，而并没有调域调整的发生。何以在同一方言同一变调环境中有两种不同的变调过程呢？我们认为，如果按管辖音系学声调理论的解释，可以很好地避免变调解释中引入调型调整和调域调整等多层音系变化过程的麻烦。由于镇江话是"调型仅有一个声调元素"的系统，故 L̰>（31）加入高调时，低调自然删除，整个调型就成为 ̣H（35），整个音系变化是环环相扣的一个整体，其中调域的调整乃是系统要求的。

其次，阴平42变平33，产生新调——中平调。按照王洪君的观点，此变调仅经历了调型的调整，而未发生调域的调整。我们认为，由于变调前42的表征是 ̣L，其中非主位低调，而变调（加入高调）后，在违反变调制约条件的环境中，"̣_ _"产生了，这是因为非主位上变调前的低调和变调后的高调均不能满足连字调的要求，所以在变调被触发时删除了低调，而在变调后核查变调制约条件是否被违反时又删除了高调，最终自然形成中调，即无调"̣_ _"。

最后，关于31变低平22，我们认为这并没有音系学上的意义，也即，31和22并不形成音系上的对立。所以，在系统中，这两个调值具有相同的音系表征——"L̰>"。

七 连读变调与轻声的统一解释

关于镇江话的轻声，王洪君（1999：251）和李小凡（2004b：20）均未提及。但根据王洪君（1999：251）的观点，对轻声的处理以及轻声字与前字的交互是难以用与连读变调相同的机制来解释的。比如阳平+轻声字组即使按"升→平/_ _ 平"规则变调，但并不能解释为什么变成的平调是22，而非33。因为调域的调整是通过规则"阳→阴/升"来实现的。高升调35变平应该是33，为什么会将调域下移至阳域呢？是否还需要"阴→阳/平"之类的调域调整规则呢？

其实，不论是在轻声字组还是普通的二字组，35 在高平调 55 或 5 前转为 22 是变调过程中核查变调制约条件是否被违反时，依变调字中非主位是否原有低调这一条件而增加低调的结果。由于镇江话连读变调终极原因为非主位调的高化，在高化受阻时，是否增加低调要看原字调非主位是否曾经有过低调。曾经有过低调的，再增加低调就又回到了变调前的状态，而曾经没有低调的，增加低调可以形成异于原初调和变调的调型。这是变调实质所在。

第三节　小结

利用管辖音系学理论框架对镇江方言连读变调进行解释，可以很好地解决调域问题的处理。可以既不用将阳平字（单字调）的音系表征设定为与表层相反的低调域，也可以不用将对低降变高升分析为须先后经历调型、调域的调整，且调域的调整被说明是以系统中缺少低升调为动因的。我们的分析强调了镇江方言变调的实质——高调化，且因此而引发的一系列音系操作。所有后续的操作均是以系统的规定性制约和变调逻辑所决定的。这样的分析更具有理论的纯洁性。同时，连读变调与轻声也被看作是有着相同原则制约的统一音系过程。

第七章

变调历时因素的共时处理

在丹阳话的变调中,吕叔湘先生认为决定变调调式的不是首字的单字调而是首字的字类。"既然字类以古音分类,现代丹阳话的古代语音特征已大部分消失,字类如何起作用?"(侍建国,2008:342)这实际是一个共时音系理论的分析能否引用历时语言信息的问题。或者说,历时语言信息是以何种方式在共时音系分析中起作用的问题。

对此,本书的观点是:母语者在变调过程中其实下意识地依据了单字的历史声调归属信息,也就是说,单字调类的历史归属信息可以成为共时音系自然类的标记,成为描写和解释音系过程的概念工具。字调是词库信息,字的读书音和说话音在词库中均有所标记，说话人可以依据某字的读书音和说话音的对当关系来判断其变调类别归属。丹阳话的具体情况请参见表 12 和表 13。基于此自然类划分的变调音系事实将成为母语者习得过程中变调字类归属判定的依据。例如，在丹阳话中，上清及喻母、上次浊、去清、入清和入次浊等字①作为前字时，在平清、平次浊和入清字等这些后字之前会有着相同的变调行为。母语者正是根据这些音系行为，即使在不明确知晓这些字的历史归属的前提下，下意识地将它们划归一个自然类。

此外，音系学界就曲折调单位（Contour Tone Unit，简称 CTU）的性质及其延伸问题曾进行过热烈讨论，其中丹阳话的变调是这一讨论中引用的最主要的语言例证。此外，丹阳话变调自身还有一些悬而未决的问题。其中包括，变调与单字调之间是何种关系？变调能否从单字调出发，经由统一的规则推导而出？假若变调与单字调之间并不存在对应关系，为什么吕叔湘会认为前字的变调与根据历史调类而分出的四个大类之间有着对应关系？在变调组后字的分类中，为什么吕叔湘认为入清字分跨 A、B 两类？丹阳话母语者关于变调的音系知识是字调与"词调"间复杂的对应关系，还是简单的音系规则呢？期望这些问题在某种音系学理论框架内都得到完满解释，这需要对丹阳话的声调系统进行深入剖析。

---

① 在表 12 中它们同属丙类前字。

第一节　丹阳话的变调事实

丹阳因其方言地理位置的特殊性，北有江淮官话，南有吴语，且江淮官话与吴语的分界线贯穿丹阳，致其方言现象十分复杂，有所谓"四门十八腔"之说。丹阳方言的变调更是十分复杂。吕叔湘早在20世纪40年代就做过系统的记录和研究，并在《丹阳方言的声调系统》（1980）中给出了详尽的记载和分析。本书的语料及数据均取自吕叔湘的描写。

一　丹阳话的声调

丹阳话的声调分为读书音和说话音两种。读书音的四个字调分别与古音的平上去入相当，只有个别字有出入，并且连读不变调。说话音的六个单字调中有四个跟读书音的字调相同。连读的字组共出现十个字调，包括已有的六个单字调和四个新的字调（吕叔湘，1980：86）。（22）中分别给出读书音和说话音单字调的调值。

（22）读书音：
平声：33 上声；55 去声；24 入声；4
说话音：
阴平：33 阴上；55 阴去；24 阴入；3
阳平：24 阳上；24 阳去；11 阳入；4

丹阳话读书音系统连读不变调，只有说话音系统连读才产生变调。

二 二字组的变调

二字组变调与否，吕叔湘（1980：91）认为主要取决于两字之间的语法、语义关系。同时前重后轻的节奏模式也是后字变调的音系条件（见表6）。

表6 二字组调式分布表 ［依吕叔湘（1980：98）整理，改用五度标调法，只列出主要调式］

第一字 \ 第二字	A 平清33	A 平次浊33	A/B 入清3	B 去清24	B 平全浊及喻55	B 上清及喻24	B 入次浊4	B 入全浊及喻4	B 上全浊24/11	B 去次浊11	B 去全浊11
甲 平33	42—11	42—11	55—55	55—55	55—55	42—11	42—11	42—11	42—11	42—11	42—11
乙 平次浊33	55—55	55—55	24—55	24—55	24—55	24—55	24—55	24—55	24—55	24—55	24—55
乙 平全浊及喻24	42—11	42—11	24—55	24—55	24—55	42—11	42—11	24—55	24—55	24—55	24—55
丙 上清及喻55	33—33	33—33	33—33	42—24	42—24	42—24	42—24	42—24	42—24	42—24	42—24
丙 上次浊24	33—33	33—33	33—33	42—24	42—24	42—24	42—24	42—24	42—24	42—24	42—24
丙 去清24	33—33	33—33	33—33	42—24	42—24	42—24	42—24	42—24	42—24	42—24	42—24
丙 入清3	33—33	33—33	33—33	33—33	33—33	42—24	42—24	42—24	42—24	42—24	42—24
丙 入次浊4	33—33	33—33	33—33	33—33	33—33	42—24	42—24	42—24	42—24	42—24	42—24
丁 入全浊及喻4	11—11	11—11	11—11	11—11	11—11	11—11	11—11	42—24	42—24	42—24	42—24
丁 上全浊24/11	11—11	11—11	11—11	11—11	11—11	11—11	11—11	42—24	42—24	42—24	42—24
丁 去次浊11	11—11	11—11	11—11	11—11	11—11	11—11	11—11	42—24	42—24	42—24	42—24
丁 去全浊11	11—11	11—11	11—11	11—11	11—11	11—11	11—11	42—24	42—24	42—24	42—24

吕叔湘（1980：90）指出："要弄清楚两字连调与单字调的关系，不但是光凭单字的说话音字调不能说明，就是综合说话音和读书音的字调把单字分成八个调类，也还是不能完全说明。……到了字组里边，有些调类的字在字组里变调不一致，关键主要在于古次浊声母字和喻母字，得把它们分出来……"正是由于"光凭单字的说话音字调不能说明"丹阳话的变调，在包智明（Bao，1990）和陈洁雯（Chan，1991）的分析中，字调与"词调"（连读变调的基本连调组）相分离；连读条件下，字调被删除而赋上词调模板。本书认为，连读中完全抛弃单字调的做法并不可取。母语者习得的变调规律其实是两类基本变调式，将这两类基本变调式结合起来，说话人能准确推导出约86%的变调结果。而这两类基本变调式正是以吕叔湘"综合说话音和读书音的字调"的认识为基础的。（详细讨论见"两类变调式"一节）

三 三字组的变调

三字相连，声调方面有三种情况：a. 整个字组用三字连调（全变）；b. 前两字或前一个字变调，后面用原来的字调（半变）；c. 三个字都用原来的字调（不变）。声调全变字组的调式共有六个：11—11—11、42—11—11、42—42—24、33—33—33、24—55—55 和 55—55—55。字组的内部结构依三个字的不同组合情况分为三类：前一后二，前二后一，三字并列。不同的结构又决定了采用哪种变调方式为主要的手段。一般说来，前一后二的结构采用全变调的方式，并且这种结构的字组采用什么调式，全看第一个字调四声和声母清浊而定，后面两个字的声调几乎完全不影响整个三字组的声调调式（吕叔湘，1980：99）。前一后二、三字组的声调调式分布见表7。因为字组中各字声调全变的情况属于（a）格式变调（见表8），所以下面我们仅讨论前一后二的三字组，同时指出，后两字对整个字组的连调有一定的影响。

表7　三字组调式分布表　[依吕叔湘（1980：100—101）整理，改用五度标调法，主要调式在前]

首字	后二字 24—55	后二字 55—55	后二字 11—11	后二字 33—33	后二字 42—24	后二字 42—11
平清				55—55—55	42—11—11	
平次浊			24—55—55	55—55—55		
平全浊及喻母			24—55—55	55—55—55		
上清及喻母	42—42—24	33—33—33		33—33—33	42—42—24	
上次浊	42—42—24	33—33—33		33—33—33	42—42—24	
去清	42—42—24	33—33—33		33—33—33	42—42—24	
入清	42—42—24	33—33—33		33—33—33	42—42—24	55—55—55
入次浊	42—42—24	33—33—33		33—33—33	42—42—24	55—55—55
入全浊及喻母			11—11—11	42—42—24		
上全浊			11—11—11	42—42—24		
去次浊			11—11—11	42—42—24		
去全浊			11—11—11	42—42—24		

四　四字组的变调

主要的四字连调，即（a）格式，有六个调式：11—11—11—11、42—11—11—11、42—42—42—24、33—33—33—33、24—55—55—55 和 55—55—55—55。前一后三结构

的四字组基本上都采用四字连调,所以本书仅讨论这种结构。还有一种四字浑成的四字组,(a)、(b)格式的变调都有采用。吕叔湘(1980:109)在介绍前一后三、四字组的变调时指出,四字组的(a)格式变调取决于首字所属的字类,与后面的三字组调式没有关系。但遗憾的是,文中仅列出了十个字组示例,未提供首字仄清24调而后三字连调式为24—55—55和55—55—55的字组例。

表8　　多字连调调式表[摘自吕叔湘(1980:88),改用五度标调法]

调式编号	两字连调	三字连调		四字连调	
		(a)	(b)	(a)	(b)
Ⅰ	11—11	11—11—11	11—55—33	11—11—11—11	11—11—55—33
Ⅱ	42—11	42—11—11	—	42—11—11—11	—
Ⅲ	42—24	42—42—24		42—42—42—24	42—24—55—33
Ⅳ	33—33	33—33—33	33—55—33	33—33—33—33	33—33—55—33
Ⅴ	24—55	24—55—55	24—55—33	24—55—55—55	24—55—55—33
Ⅵ	55—55	55—55—55	55—55—33	55—55—55—55	55—55—55—33

表8的(b)格式的应用范围比(a)格式的小,并且也不是六个调式齐备,因此,本书集中讨论两字连调和三、四字组的(a)式变调。

一般认为,两字连调和三、四字组的(a)式变调中的Ⅰ、Ⅱ、Ⅳ、Ⅴ、Ⅵ是单一声调的延伸,独有Ⅲ式似乎是曲折调单位的延伸。有的研究则认为Ⅰ、Ⅱ、Ⅳ、Ⅴ、Ⅵ式是"前进型"变调,而Ⅲ式是"后退型"变调(Chen,1986)。还有研究将Ⅲ式归为"嵌入式"变调(侍建国,2008)。关于曲折调及其延伸的问题,本章第七节将专门讨论。

第二节 几个基本观点

由于丹阳话变调的触发条件基本上是语义和语法的因素,本书仅在管辖音系学框架内解释变调的音系过程,音系与语义、语法的接口问题在此不做讨论。作为进一步分析的前提,这里先提出若干基本假设,以阐明基本观点。

由于丹阳所处的特殊方言地理位置,我们需要先考察其与周边方言的关系。先看它南边的常州。常州话平声的声调,尤其是阴平,经历了高化的过程。赵元任先生在《中国语言里的声调、语调、唱读、吟诗、韵白、依声调作曲和不依声调作曲》(赵元任音乐论文集,p6)中将阴平的声调记为"23",阳平为"14"。赵元任先生说常州话分街谈和绅谈两种,街谈是城内多数市民的话,绅谈则是来自东南乡的少数官绅说的话。汪平(1988:177)据其夫人所说的街谈将阴平记为"55",并说其夫人认为绅谈是"乡下话",这说明"随着社会的变迁,当年的市井鄙语已取得'城里话'的正统地位,而少数绅士(原文为 gentry)阶层的语言反而沦为'乡下话'了"。中国社会科学出版社1995年版《常州市志》也将阴平调记作"55",阳平则记作"423"。由此可见,若以城里话为常州话的代表,则常州话的阴平确实经历了高化的过程。常州是丹阳以南离它最近的大城市,常州话阴平的高化现象也可从丹阳的阴平变调看出来——单字调为33,而一部分阴平为首字的连调组中的阴平字却是55。

有趣的是，丹阳以北的镇江，乃至南京，它们的阴平调都是降调，分别为42和31。尤其是镇江阴平的42调与丹阳阴平变调中的另一个调值42几乎一模一样。此外，镇江话中33调是阴平42调的变调结果，而丹阳话中42调反过来又是阴平33调的变调结果。这不得不让人联想它们之间是否存在某种联系。我们可否这样推测：丹阳话的阴平原为33，中平受到镇江下江官话的影响，转读42，后与常州话一道经历高化（吴语影响），成为55。高化过程中，原来的中平调33成为仄声的代表调之一（另外的两个是24和11），而原来阴上的55调则反过来成为平声的一个代表调（如表9所示）。

表9　丹阳及周边方言的声调对比（五度标记法，下划线的为短调）

	平声		上声		去声		入声	
	阴平	阳平	阴上	阳上	阴去	阳去	阴入	阳入
南京(孙华先,2003)	31	13	22		44		<u>55</u>	
镇江(张洪年,1985)	42	35	31		55		5	
丹阳读音(吕叔湘,1980)	33		55		24		4	
丹阳说话音(吕叔湘,1980)	33	24	55	24	24	11	3	4
常州绅谈赵元任	33	13	55		513	24	5	<u>23</u>
常州街谈(汪平,1988)	55		45		523	24	<u>55</u>	<u>23</u>
苏州(叶祥苓,1979)	44	13	52		412	31	5	3

前文已经提到，吕叔湘认为决定丹阳话变调调式的不是首字的单字调而是首字的字类。"既然字类以古音分类，现代丹阳话的古代语音特征已大部分消失，字类如何起作用？"（侍建国，2008：342）这实际是一个共时音系理论的分析能

否引用历时语言信息的问题。或者说，历时语言信息是以何种方式在共时音系分析中起作用的问题。

对此，我们的观点是：母语者在变调过程中其实下意识地依据了单字的历史声调归属信息，也就是说，单字调类的历史归属信息可以成为共时音系自然类的标记，成为描写和解释音系过程的概念工具。字调是词库信息，字的读书音和说话音在词库中均有所标记，说话人可以依据某字的读书音和说话音的对当关系来判断其变调类别归属。丹阳话的具体情况请参见表12和表13。基于此自然类划分的变调音系事实将成为母语者习得过程中变调字类归属判定的依据。例如，在丹阳话中，上清及喻母、上次浊、去清、入清和入次浊等字作为前字时，在平清、平次浊和入清字等这些后字之前会有着相同的变调行为。母语者正是根据这些音系行为，即使在不明确知晓这些字的历史归属的前提下，下意识地将它们划归一个自然类。

基于以上认识，在丹阳话连读变调的（a）格式变调中，不论是二字组（重读在前）、三字组（前一后二）还是四字组（前一后三），字组的变调调式均取决于首字调型。丹阳话连读变调属于吴语典型式，其基本规律与苏州话、常州话基本相同，即前字定调型并将前字调覆盖整个字组，后字仅起辅助作用。完成此过程的音系操作是后字调删除，前字调延伸。

第三节　丹阳话的声调系统

下面给出丹阳话声调系统的管辖音系学模型。

(23) 丹阳话的声调系统
a. 声调类型：简单型；
b. 声调延伸：强制性（词库标记不延伸者除外）；
c. 声调主位：主位居尾；
d. 允准制约条件：OCP1（*XYX…，X ∈ {H, L}，Y ∈ {H, L, ø}；X≠Y）；

由以上制约条件生成如下声调系统：
读书音系统：

平	上	去	入
33	55	24	4
H̠	<H	ˍH	(ˍ) H

说话音系统：

	平	上	去	入
阴	33、42①	55	24	3
	H̠	<H	ˍH (C)②	(H)̠

---

① 42 的调值仅用于连读变调。
② 括号里的 E 表示平声调，C 表示仄声调，下同。仄声调词库内"调型内主位调不延伸"标记在调型间延伸时将随主位调一同延伸。

阳   24   24   11   4
      ˍH (E)   ˍH (C)   ˍ ˍ   (ˍ) H

在读书音系统中，平声是主位无调，仄声是主位有调。而在说话音系统中，入声的声调表征与平声一致。阴入的主位调元连接 N_1[①]，是无调的，语音实现就是 3[②]，而阳入的主位调连接 N_1，是高调，语音实现就是 4。由于有着相同的音系表征，当作为后字时，它们与平声也就有着相同的音系行为。

这里需要对阴平调 33 的底层表征（"Hˍ"）作如下说明：首先，丹阳话是简单型声调系统，声调表征只有高调元素"H"和占位元素"ˍ"。简单系统中占位元素"ˍ"的音系价值是低调，因此，"ˍ ˍ"的语音解释是低平调，并非中平调 33。其次，丹阳话阴平调 33 在连读变调中转为 42 调[③]。在连读条件下，33 调和 42 调呈互补分布。33 分布于 33-33 变调组，42 分布于 42-11 变调组。因此，它们的底层形式一样，都用 Hˍ 表征。在 Hˍ+Hˍ 调型组里，Hˍ 的语音解释为 33；而在 Hˍ+ˍ ˍ 调型组里，Hˍ 的语音解释为 42。

根据第二节的假设，丹阳话的阴平经历了高化过程。高化在音系上的实现是原表征形式 Hˍ 中非主位调"H"被删除并自动邻接至主位，随之强制延伸（因阴平在词库里没有禁止延伸的标记），最终变成 <Hˍ（语音实现是 55）。为避免

[①] 丹阳话与普通话一样属于模板型语言，其最小的音系范域由 $O_1N_1O_2N_2$ 模板定义（Goh，1997；吴英成，2000）。
[②] 这里的语音解释须结合非主位的 H。
[③] 我们对其中所涉及的历史音变方面的假设，请参看"几个基本观点"一节。

调类中和，原调值为 55 的阴上调则变为 33，其音系操作过程是原表征形式<H 中主位调"H"被删除并自动邻接至非主位，成为 H_ （见表 10）。

表 10　　　　　　　　高化后的声调系统格局

	平声	上声	去声	入声
阴	<H	H_	_ H	(_) H
阳	_ H	_ H	_ _	(H) _

阴入调的音系表征与阴平相同，因此也经历高化，(H) _ 中非主位调"H"被删除并自动邻接至主位。但因该调型词库里有禁止延伸的标记，该调元不能延伸，所以高化后的表征为（_）H。同样是为了避免调类中和，原表征为（_）H 的阳入调则转化为（H）_，即主位调被删除并自动邻接至非主位。这能清楚解释为什么入清字的单字调虽为 3，但当它作为前字时却能被指派为 _ H（C），而入全浊（含喻母字）的单字调虽为 4，但作为前字时却能得到 _ _ 的声调指派。

高化现象发生后，说话音的声调格局将变成表 10 所示的情形。这一格局仅存在于变调的系统内。如果仅用平仄阴阳来归纳，则得到表 11。

表 11　　　　　　高化后声调系统的平仄阴阳归纳

	平声	仄声
阴	<H	H_ , _ H, (_) H
阳	_ H	_ H, _ _, (H) _

若将二字组变调调式分布表（表6）按首字归纳并与表11作一对比，则能看出相当清晰的对应关系。作为首字时：1. 平清的声调表征为 <H（55）；2. 平浊为 _H（24）；3. 仄清为 _H（24）①，其中一部分由后字作用而主位调删除，变为 H_（33）；4. 仄浊为 _ _（11），其中一部分由后字作用而增加主位调，变为 _H（24）。这是在管辖音系学声调理论框架内对甲、乙、丙、丁四类前字在连读变调中分别获得 <H、_H（E）、_H（C）、_ _ 声调指派的解释。

第四节　二字组变调的解释

根据以上关于单字的历史声调归属信息在连读变调中能成为共时音系自然类的类标记的观点，按照吕叔湘的归纳，二字组前字共分四类，如表12所示。

表12　　　　　　　二字组前字分类表

前字类别	古调类及声纽类别	今音判断依据
甲类	平清	读书音与说话音均为33的字，半浊声母的除外
乙类	平次浊 平全浊及喻	读书音与说话音均为33且声母为半浊的字 读书音为33而说话音为24的字
丙类	上清及喻 上次浊 去清 入清 入次浊	读书音与说话音均为55的字 读书音为55而说话音为24的字 读书音与说话音均为24的字 读书音为4而说话音为3的字 读书音与说话音均为4且声母为半浊的字

---

① 仄声调24与24相连，受制于OCP，前字被异化为 H_（42）。

续表

前字类别	古调类及声纽类别	今音判断依据
丁类	入全浊及喻 上全浊 去次浊 去全浊	读书音与说话音均为 4 的字，半浊声母的除外 一部分为读书音与说话音均为 24 的字，一部分为读书音为 24 而说话音为 11 的字 读书音为 24 而说话音为 11 的字 读书音为 24 而说话音为 11 的字

进入连读环境后，它们分别得到如下声调指派（其理据请见第三节）：

甲类字：<H 调型，无"调型内主位调不延伸"的词库标记；

乙类字：_ H（E）调型，有"调型内主位调不延伸"的词库标记；

丙类字：_ H（C）调型，有"调型内主位调不延伸"的词库标记；

丁类字：_ _ 调型，有"调型内主位调不延伸"的词库标记如表 13 所示。

表 13　　　　　　　　二字组后字分类表

后字类别	次类别	古调类及声纽类别	今音判断依据	声调表征
A 类	A^{甲乙}	平清、平次浊	读书音与说话音均为 33 的字	H_
	A^{丙}	平清、平次浊 入清	读书音与说话音均为 33 的字 读书音为 4 而说话音为 3 的字	H_ (H)_
B 类	B^{甲乙}	除 A^{甲乙} 以外的其他类（含入清）	略，参见表 12	≤H, _ H, _ , (H)_
	B^{丙}	除 A^{丙} 以外的其他类（不含入清）	略，参见表 12	<H, _ H, _

二字组后字分 A、B 两类。由于入清字在不同的前字后属于不同的后字类别，出于清晰标记的考虑，分别在 A、B 的类别字样上加标。如，$A^{甲乙}$ 表示甲乙类前字（即平声字）后的 A 类后字（不含入清），$A^{丙}$ 表示丙类前字（即仄声字）后的 A 类后字（含入清）。详见表 13。根据管辖音系学声调表征，A 类字的声调表征呈弱势管辖关系，B 类字呈强势管辖关系。正是由于其在管辖关系上表现出来的差异导致了它们这样的类别划分，也正是如此不同的管辖关系决定了两类后字在连读变调中对前字调型确定所起的作用也不同。具体说来就是 $A^{甲乙}$ 和 $B^{甲乙}$ 类后字支配平声前字的调型确定，而 $A^{丙}$ 和 $B^{丙}$ 类后字支配仄清前字的调型确定。

为什么 $B^{甲乙}$ 类含入清，而 $B^{丙}$ 类却不含入清呢？对此，根据管辖音系学声调表征理论所做的解释是：由于连读条件下，后字将支配前字的调型确定，而仄清调型的确定具体表现为何种情况下首字实现 24 调，何种情况下实现 33 调。在后面的分析里我们将看到，后字主位强势管辖是前字仄清 24 调实现的先决条件。入清的音系表征为（H）$_\_$，呈弱势管辖，因此其音系行为就与平清、平次浊的 H$_\_$ 相同。所以在实现 24 调的仄清字后（即后字须强势管辖），入清属于 A 类，而不属于 B 类。

表 15 是二字组连调式（五度法标记）及其相应的音系表征。其中由于 33 调和 42 调并不形成对立，且它们在连读条件下互补分布的——33 分布于 33-33 变调组，42 分布于 42—11 变调组，所以 H$_\_$ +H$_\_$ 调型组里的 H$_\_$ 语音解释为 33，而 H$_\_$ +$_\_$ $_\_$ 调型组里的 H$_\_$ 语音解释为 42。（注意：42—24 中的 H$_\cdot$ 是由 $_\_$ H 异化而来，后面将详细分析。）

表14中首字为甲、乙、丙三类的字组调型选择受到后字的支配。表中每方格内分别给出了此环境下主、次要变调式的分布及其出现频率。

表14　二字组调式分布表 [摘自吕叔湘（1980：98），改用五度标调法，只列出主要调式，且只标首字调。]

第一字 \ 第二字	A 平清33	A 平次浊33	A 入清3	A/B 上清及喻55	A/B 去清24	B 平全浊及喻24	B 上次浊24	B 入次浊4	B 入全浊及喻4	B 上全浊24/11	B 去次浊11	B 去全浊11
甲　平　清33	$42^{87.0\%}$					$55^{60.3\%}$	$42^{25.5\%}$					
乙　平　次浊33	$55^{43.1\%}$					$24^{85.2\%}$			$42^{7.9\%}$			
乙　平全浊及喻24	$42^{41.7\%}$											
丙　上清及喻55 / 上次浊24 / 去清24 / 入清3 / 入次浊4	$33^{74.4\%}$					$24^{68.8\%}$ $33^{25.7\%}$						
丁　入全浊及喻4 / 上全浊24/11 / 去次浊11 / 去全浊11						$11^{65.7\%}$			$24^{27.5\%}$			

表15　　　　　　　　　二字组连调式

	五度法标记	音系表征
1	42—11	H̠ + ̠
2	55—55	<H + <H

续表

	五度法标记	音系表征
3	24—55	_ Ḣ+<Ḣ
4	33—33	Ḣ_ +Ḣ_
5	42—24	Ḣ_ +_ Ḣ
6	11—11	_ _+_ _

一 变调制约条件、操作和变调过程

下面分别介绍丹阳话变调的变调制约条件，所涉及的变调操作以及变调过程。

变调制约条件：OCP2（＊XY.XY, X, Y ∈ {H, L}；X≠Y)。

丹阳话中仅_ Ḣ（C）+_ Ḣ（C）（即LH+LH[①]）连调组满足本制约条件，即＊_ Ḣ（C）+_ Ḣ（C）。此制约条件满足后，前字调型发生异化，相应的音系操作为前字主位调被删除（并自动邻接非主位）。Ḣ_ +Ḣ_ （33-33）以平调连缀实现，并不违反本制约条件。

变调操作：

前字调元延伸至后字相应位置，延伸的可以是主位调，也可以是非主位调。我们将此类操作称为调型间延伸，以区别于调型内延伸。调型间延伸与调型内延伸的区别还在于后者仅限主位调，而前者不限。调型间延伸发生时，延伸的可以是调元自身，也可以是调元（仅限主位调）并携带调型内能否延伸的词库标记。丹阳话变调涉及的调型间延伸在前字

[①] 在简单型声调系统中，占位元素（_，即无调）表征的是低调。

为平声时是调元自身的延伸，而在前字为仄声时是调型内延伸标记随调元一同延伸。下面简要列示几种延伸操作的内涵。

主位调（平）延伸：相邻字调型删除后留下调型空位，该字（平声）主位调延伸至此调型主位。

主位调（仄）延伸：相邻字调型删除后留下调型空位，该字（仄声）主位调延伸至此调型主位，同时延伸的还有该字"主位调调型内不延伸"的词库标记。

非主位调延伸：相邻字调型删除后留下调型空位，该字非主位调延伸至此调型非主位。两字调型的主位起到桥接作用。

调型内延伸：变调过程中，延伸操作为强制性，除非调型内不具延伸条件，即有"主位调调型内不延伸"的标记。

以上"主位调（平）延伸""主位调（仄）延伸""非主位调延伸""调型内延伸"只要环境允许即实施，符合管辖音系学最简原则（Kaye，1995：291）。后字调型删除后，前字如主位有调，通过"主位调（平）延伸"过来的主位调可以在后字调型内延伸；而通过"主位调（仄）延伸"过来的主位调则无法在后字调型内延伸。因此，前字_H（E）向后进行的是"主位调（平）延伸"，主位调元延伸至后字后可以调型内延伸，而前字_H（C）向后进行的是"主位调（仄）延伸"，主位调元延伸至后字后不可以调型内延伸。二字组丙、丁类前字的_H（C）调型能实现向后"主位调（仄）延伸"的先决条件是后字主位强势管辖。

邻接：某位置调元删除后，如邻位无调，则此调元须连接至该邻位。（我们推测，此操作在复杂型系统中仅限于

第七章 变调历时因素的共时处理

"主位必有调"的主位调元，而在简单型系统中始终适用。)

变调过程：

主要变调式：后字调型删除；A类字使前字主位调删除，B类字不影响前字主位调；前字调元向后延伸。

次要变调式：后字调型删除；A类字使前字主位调延伸，B类字使前字主位调删除；前字调元向后延伸。

主、次要变调式的生成都基于简单的音系处理过程，上面便是对其音系操作所做的高度概括，下面具体说明。

二　两类变调式

如前所述，主要变调式的生成过程是：后字调型删除，但A类后字须使甲、乙、丙类前字主位调删除，B类后字不影响甲、乙、丙类前字的主位调，丁类前字的主位调也不受影响。

次要变调式生成过程中涉及的操作与主要变调式的刚好相对：后字调型删除，但A类后字须使甲、乙、丙类前字主位调延伸，B类后字须使甲、乙、丙类前字主位调删除，丁类前字主位增加声调（本应删除其主位调，但丁类字主位无调可供删除，故可供选择的操作仅为"增加"）。

下面对主要变调式的生成过程进行详细表解。

甲+A^{甲乙}：

⊂H+H̯ →	H̯ +H̯ →	H̯ +_ _ →	H̯ +_ _	87.0%
说明：	前字主位调删除	后字调型删除	前字主位调向后延伸（不适用）	解释比例

甲+B^(甲乙):

$\underline{<H}+\underline{\;}\;H\;(E) \rightarrow$			
$\underline{<H}+\underline{\;}\;H\;(C) \rightarrow$	$\underline{<H}+\underline{\;}\;\underline{\;} \rightarrow$	$\underline{<H}+\underline{<H}$	60.3%
$\underline{<H}+\underline{\;}\;\underline{\;} \rightarrow$			
$\underline{<H}+\underline{<H} \rightarrow$			
说明：	后字调型删除	前字主位调向后延伸	解释比例

乙+A^(甲乙):

$\underline{\;}\;H\;(E)+H_{\underline{\;}} \rightarrow$	$H_{\underline{\;}}+H_{\underline{\;}} \rightarrow$	$H_{\underline{\;}}+\underline{\;}\;\underline{\;} \rightarrow$	$H_{\underline{\;}}+\underline{\;}\;\underline{\;}$	41.7%
说明：	前字主位调删除	后字调型删除	前字主位调向后延伸（不适用）	解释比例

乙+B^(甲乙):

$\underline{\;}\;H\;(E)+\underline{\;}\;H\;(E) \rightarrow$			
$\underline{\;}\;H\;(E)+\underline{\;}\;H\;(C) \rightarrow$	$\underline{\;}\;H\;(E)+\underline{\;}\;\underline{\;} \rightarrow$	$\underline{\;}\;H+\underline{<H}$	85.2%
$\underline{\;}\;H\;(E)+\underline{\;}\;\underline{\;} \rightarrow$			
$\underline{\;}\;H\;(E)+\underline{<H} \rightarrow$			
说明：	后字调型删除	前字主位调向后延伸	解释比例

丙+A^丙:

$\underline{\;}\;H\;(C)+H_{\underline{\;}} \rightarrow$	$H_{\underline{\;}}+H_{\underline{\;}} \rightarrow$	$H_{\underline{\;}}+\underline{\;}\;\underline{\;} \rightarrow$	$H_{\underline{\;}}+H_{\underline{\;}}$	74.4%
说明：	前字主位调删除	后字调型删除	前字非主位调向后延伸	解释比例

第七章 变调历时因素的共时处理

丙+B^{丙}：

̠H(C)+̠H(E)→	̠H(C)+̠H(C)+ →	̠H(C)+ ̠H(C)+	H̠ +̠H	68.8%
̠H(C)+̠H(C)→	̠ ̠ →	̠H(C)		
̠H(C)+̠ ̠ →				
̠H(C)+≤H→				
说明：	后字调型删除	前字主位调（仄）向后延伸	前字主位调删除	解释比例

丁+A，B：

̠ ̠ +H̠ →			
̠ ̠ +̠H(E)→	̠ ̠ +̠ ̠ →	̠ ̠ +̠ ̠	65.7%
̠ ̠ +̠H(C)→			
̠ ̠ +̠ ̠ →			
̠ ̠ +≤H→			
说明：	后字调型删除	前字主位调（仄）向后延伸（不适用）	解释比例

下面对次要变调式生成过程进行详细表解。

甲+A^{甲乙}：

̠H(E)+H̠ →≤H+̠ ̠ →≤H+≤H

≤H+H̠ →	≤H+H̠ →	≤H+̠ ̠ →	≤H+≤H	4.3%
说明：	前字主位调延伸	后字调型删除	前字主位调向后延伸	解释比例

甲+B^{甲乙}：

≤H+̠H(E)→	H̠ +̠H(E)→			
≤H+̠H(C)→	H̠ +̠H(C)→	H̠ +̠ ̠ →	H̠ +̠ ̠	25.5%
≤H+̠ ̠ →	H̠ +̠ ̠ →			
≤H+≤H→	H̠ +≤H→			
说明：	前字主位调删除	后字调型删除	前字主位调向后延伸（不适用）	解释比例

乙+A^(甲乙)：

_H（E）+H_ →	<H+H_ →	<H+_ _ →	<H+<H	43.1%
说明：	前字主位调延伸	后字调型删除	前字主位调向后延伸	解释比例

乙+B^(甲乙)：

_H（E）+_H（E）→	H_+_H（E）→			
_H（E）+_H（C）→	H_+_H（C）→	H_+_ _→H_+_ _		7.9%
_H（E）+_ _→	H_+_ _→			
_H（E）+<H→	H_+<H→			
说明：	前字主位调删除	后字调型删除	前字主位调向后延伸（不适用）	解释比例

丙+A^丙：

_H(C)+H_→	_H(C)+H_	_H(C)+_ _→	_H(C)+_H(C)	H_+_H	11.6%
说明：	前字主位调延伸（不适用）	后字调型删除	前字主位调（仄）向后延伸	前字主位调删除	解释比例

_H（C）中主位调无法延伸，故不延伸。

丙+B^丙：

_H(C)+_H(E)→	H_(C)+_H(E)→			
_H(C)+_H(C)→	H_(C)+_H(C)→	H_+_ _→	H_+H_	25.7%
_H(C)+_ _→	H_(C)+_ _→			
_H(C)+<H→	H_(C)+<H→			
说明：	前字主位调删除	后字调型删除	前字非主位调向后延伸	解释比例

第七章 变调历时因素的共时处理　　107

丁+A，B：

_˳_˳+H˳→	_H(C)+H˳→	_H(C)① +_˳_˳→	_H(C)+_H˙(C)→	H_˳+_H˙	27.5%
_˳_˳+_H(E)→	_H(C)+_H(E)→				
_˳_˳+_H˙(C)→	_H(C)+_H˙(C)→				
_˳_˳+_˳_˳→	_H(C)+_˳_˳→				
_˳_˳+<H˙→	_H(C)+<H˙→				
说明：	前字增加声调"H"	后字调型删除	前字主位调（仄）向后延伸	前字主位调删除	解释比例

母语者在习得上述变调"规则"时，如按主要变调式变调，产生正确结果的比例分别为：

首字平清：87.0%（42-11）、60.3%（55-55）；

首字平浊：41.7%（42-11）、85.2%（24-55）；

首字仄清：74.4%（33-33）、68.8%（42-24）；

首字仄浊：65.7%（11-11）。

若按主要变调式变调出现错误变调结果，则转而按次要变调式变调，得到正确变调结果的比例分别为：

首字平清：4.3% / 13.0%②（55-55）、25.5% / 39.7%（42-11）；

首字平浊：43.1% / 58.3%（55-55）、7.9% / 14.8%（42-11）；

首字仄清：11.6% / 25.6%（42-24）、25.7% / 31.2%（33-33）；

首字仄浊：27.5% / 34.3%（42-24）。

---

① 增加声调"H"后所形成的_H 在向后延伸时须将仄声调型"主位调调型内不延伸"的词库标记一起延伸，这是因为丁类字为仄声，所以_H 标记为_H(C)。

② 斜线后的比例是除主要变调以外总的剩余比例。

因此，只需依据简约的两类变调式，母语者就能将连读变调的准确性达到相当高的水平（约85.9%）：

首字平清：91.3%（42-11，55-55）[①]、85.8%（55-55，42-11）；

首字平浊：84.8%（42-11，55-55）、93.1%（24-55，42-11）；

首字仄清：86.0%（33-33，42-24）、94.5%（42-24，33-33）；

首字仄浊：93.2%（11-11，42-24）。

第五节　三字组变调的解释

在三字组里我们主要讨论前一后二的字组。在这样的字组里第一字实际是与已变调的二字组发生关系。由表16可以得出，首字甲类字（平清）有55-55-55和42-11-11两种连调式，难分主次，且有意义上的明显差异；乙类字（平浊）的主要调式是24-55-55，可以认为，不论后字（第二字）为哪类字，均按二字组主要变调式变调；丁类字（仄浊）的主要调式是11-11-11，也可以认为，不论后字（第二字）为哪类字，均按二字组主要变调式变调；而首字丙类字（仄清）的调型_ H（C）是直接向后延伸，还是先做主位调删除再向后延伸则要参考后字的特征。

[①] 括号内前者为主要变调，后者为次要变调。

第七章　变调历时因素的共时处理

表 16　三字组调式分布表 ［根据吕叔湘（1980：100—101）整理，改用五度标调法，只标首字调。］

首字	后二字 24—55	后二字 55—55	后二字 11—11	后二字 33—33	后二字 42—24	后二字 42—11
平清			$55^{51.1\%}$	$42^{48.9\%}$		
平次浊			$24^{89.5\%}$	$55^{10.5\%}$		
平全浊及喻母			$24^{77.4\%}$	$55^{22.6\%}$		
上清及喻母	$24^{75.0\%}$	$33^{25.0\%}$		$33^{85.7\%}$	$24^{14.3\%}$	
上次浊	$24^{78.6\%}$	$33^{21.4\%}$		$33^{94.1\%}$	$24^{5.9\%}$	
去清	$24^{62.5\%}$	$33^{37.5\%}$		$33^{80.0\%}$	$24^{20.0\%}$	
入清	$24^{25.0\%}$	$33^{75.0\%}$		$33^{82.4\%}$	$24^{11.8\%}$	$55^{5.9\%}$
入次浊	$24^{50.0\%}$	$33^{50.0\%}$		$33^{71.4\%}$	$24^{21.4\%}$	$55^{7.1\%}$
入全浊及喻母			$11^{95.8\%}$	$24^{4.2\%}$		
上全浊			$11^{95.0\%}$	$24^{5.0\%}$		
去次浊			$11^{87.0\%}$	$24^{13.0\%}$		
去全浊			$11^{87.5\%}$	$24^{12.5\%}$		

与二字组变调一样，此时表征为 _ Ḣ（C）的丙类前字能向后延伸而形成Ⅲ式变调结果的条件仍然是后字（在三字组中相对于第一字而言，所以是第二字）调型呈强势管辖关系。值得注意的是，第二字主位、非主位均无调的调型（_ ˙_）本来是强势管辖，在二字组相应位置上时是能让前字 _ Ḣ（C）向后延伸成为Ⅲ式的，但因其在三字组中要协助管辖第三字（调型也为 _ _）的非主位，故降为弱势管辖（试比较，同为"_ _"调型的二字组后字主位只需管辖本字的非主位）。因此第二字调型 _ ˙_ 不能致前字 _ Ḣ（C）向后延伸，而只能将前字主位调删除后再向后延伸。

三字组首字丙类调型 _ Ḣ（C）须先进行主位调删除再

向后延伸的具体过程可表解为：

_H(C)+H.+ H.→ _H(C)+_ + _ → _H(C)+ H.+_H→ _H(C)+ H.+_ →	H.+H.+ H.→ H.+_ +_ → H.+ H.+_H→ H.+ H.+_ →	H.+_ +_ →	H.+H.+H.
说明：	前字主位 调删除	后字调型删除	前字非主位 调向后延伸

而首字丙类调型_ H(C)直接向后延伸的变调过程是：

_H(C)+<H+<H→ _H(C)+_H+<H→	_H(C)+_ +_ →	_H(C)+_H(C) +_ H(C)→	H.+H.+_H
说明：	后字调型删除	前字主位调（仄） 向后延伸	前两字主位 调逐一删除

可以看出，三字组与二字组首字仄清_ H(C)直接向后"主位调（仄）延伸"的条件在此能得到统一解释，那就是它们必须基于相同的条件：后字（三字组中是第二字）主位强势管辖。在现有二字组、三字组的证据之上，我们可以明显看到首字仄声24调在连调组中的实现对后字主位的强势管辖地位有明显要求。

第六节 四字组变调的解释

因吕叔湘（1980）未提供首字仄清24调而后三字连调式为24-55-55或55-55-55的字组例，无法从文中看出42-

42-42-24 字组出现的规律。但我们根据首字仄清 24 调决定字组调型的条件预测：42-42-42-24 字组的出现是以首字仄清 24 调而后三字连调式为 24-55-55 和 55-55-55 的字组为条件的。也就是说，四字组中 H（C）能实现向后"主位调（仄）延伸"的条件仍然是：后字主位强势管辖，具体而言就是第二字在后三字的连调式中主位有调。

第七节　关于曲折调及其延伸

陈渊泉（Chen, 1986）、Yip（1989）、陈洁雯（Chan, 1991）、包智明（Bao, 1990）和端木三（Duanmu, 1990, 1994）等研究者曾对丹阳话变调及其所表现出来的声调延伸过程做过分析，提出了不同的表征模型，并对延伸方式有着迥异的解释。

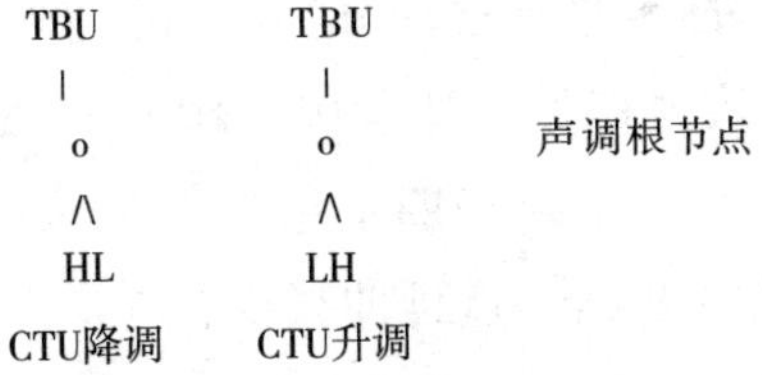

```
    TBU      TBU
     |        |
     o        o          声调根节点
    /\       /\
    HL       LH
  CTU降调   CTU升调
```

图 12　Yip 和包智明的表征体系

一　曲折调的表征

Yip（1989）与包智明（Bao, 1990）都认为曲折调是以曲折调单位来进行表征的,见图12。而端木三(Duanmu,1990,1994)则认为是以曲折调丛(contour tone cluster)表征的,见图13。

```
TBU
/\
o  o          声调根节点
|  |
H  L
调丛 降调
```

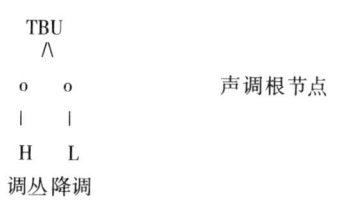

图13 端木三的表征体系

这两种表征的区别在于后者不承认曲折调单位。这样,诸如丹阳话42-24、42-42-24等变调现象也不是由曲折调单位的延伸而形成的。

二 曲折调的延伸

陈渊泉、Yip、陈洁雯和包智明都承认曲折调单位,但他们对曲折调单位的延伸方式却分别有着不同的解释。陈渊泉(Chen,1986)认为在Ⅲ式变调中,HL-LH是连调组的声调模板,在二字组、三字组和四字组中都是从右向左连接,未得到声调连接的音节则通过延伸获得,如图14所示。

Yip(1989)也认为在Ⅲ式变调中,HL-LH是连调组的声调模板,不过在二字组、三字组和四字组中都是连接首尾音节,未得到声调连接的音节则从首音节处通过延伸获得,如图15所示。

包智明(Bao,1990)与陈洁雯(Chan,1991)则认为Ⅲ式的首字字调先行删除,赋上词调LH,该声调然后连接到

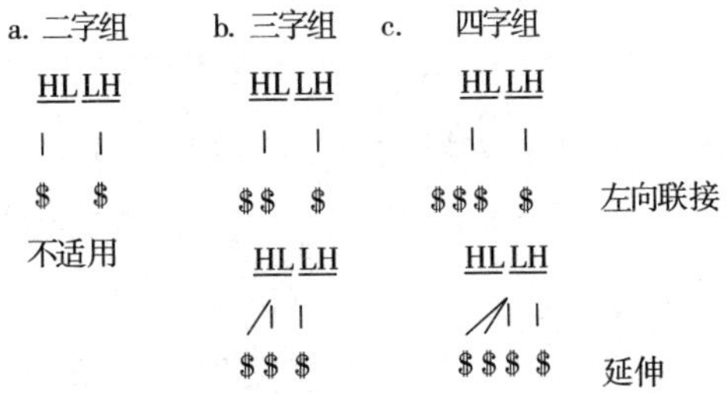

第七章 变调历时因素的共时处理   113

```
    a. 二字组    b. 三字组    c. 四字组
    H L  L H    H L  L H    H L  L H
    |  |  |     |    |       |    |
    $    $      $ $  $       $ $ $ $        左向联接
    不适用      H L  L H    H L  L H
                 /|           /|
                $ $  $       $ $ $ $        延伸
```

图 14　陈渊泉（Chen, 1986）的分析

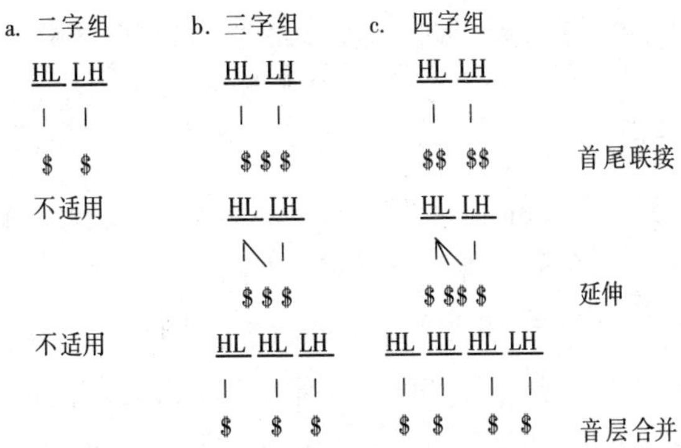

```
    a. 二字组    b. 三字组    c. 四字组
    H L  L H    H L  L H    H L  L H
    |  |  |     |    |       |    |
    $    $      $    $ $     $ $  $ $       首尾联接
    不适用      H L  L H    H L  L H
                 /\           /\
                $ $ $        $ $ $ $        延伸
    不适用    H L H L  L H   H L H L H L
              |  |  |  |    |  |  |  |
              $   $   $     $   $   $  $    音层合并
```

图 15　Yip（1989）的分析

后面的各字，再经音层合并（tier conflation），各字分别得到一个 LH 的拷贝，最后，除末字的 LH 调不变外，其他各字的声调经异化规则变为 HL，见图 16。

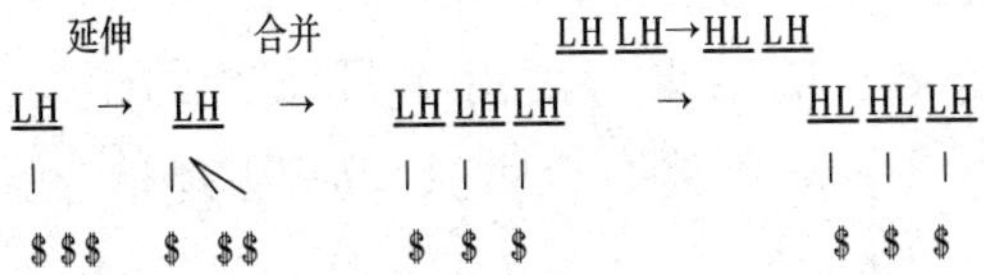

```
    延伸        合并              L H  L H → H L  L H
    L H    →   L H    →    L H L H L H    →    H L H L L H
    |          /\           |  |  |              |  |  |
    $ $       $ $ $        $   $   $           $   $   $
```

图 16　包智明（Bao, 1990）与陈洁雯（Chan, 1991）的分析

变调时，字组中各字的单字调要先删除，Ⅱ式变调的前两字得到词调 HL-LL，Ⅴ式变调的前两字得到词调 LH-HH，而其他各式的首字分别取得词调 LL、LH、MM 和 HH。

包智明和陈洁雯提出的词调 11、33、55、24、42-11 和 24-55 并不能很好地解释为什么有的词调调型只给出一个字调，而有的却要给出两个；也不能解释首字与变调式之间存在着何种对应关系。仅仅为了满足分析系统的简洁要求，把首字与变调式的关系简化成毫无规律的词调指派，使首字对变调式的选择简化成词库特征，这非但没能解释变调现象，反而产生了新的问题：母语习得者是否需要逐个记忆每个字作为首字时的变调式词调？

端木三（Duanmu，1990，1994）认为以上分析方法并不可取。因为在他看来，变调的"词调"与"字调"割裂开来的做法并没有令人信服的依据。他认为，Ⅲ式变调应该是各字交互的结果，每个字对变调都有起作用，而不是首字调的延伸。他还认为，Ⅲ式变调还有节奏的因素，随着字组内字数的增加，后字的重音级减弱，对整个字组的影响就越小。所以多字组的字数越多，Ⅲ式出现的比例也就随之减小。

端木三的观点也值得商榷。他似乎过于夸大了后字的作用，试图说明变调式是前、后字在保留各自的原字调的前提下相互交互的结果，而由于丹阳话的语音现状复杂，由前后字的单字调及其组合方式已无法理清字调与变调的关系。

侍建国（2008：345）把Ⅲ式基调分析为由 [LH LH] 变来，考虑到Ⅲ式末字为变调的主导成分，首字有定类，且

第七章　变调历时因素的共时处理　　　　　　　　　　115

原字调主要为 LH。Ⅲ式的基调可表示为图 17-a，其中 t 代表首字字类，T 代表变调主导成分 LH，$ 代表声调所对应的音节；再按照吕叔湘的观察得到Ⅲ式的异化公式图 17-b。

　　图 17 说明Ⅲ式的底层形式为［t LH］，为了让末字在基调上保持 LH 而将前字异化（即调型相反）。至于Ⅲ式的延伸（原文为扩展，下同），侍建国（2008：345）认为，丹阳话Ⅲ式的延伸是对基调的逐字"嵌入"及异化。

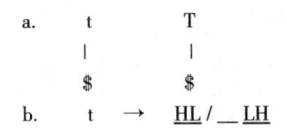

```
         a.    t          T
               |          |
               $          $
         b.    t    →    HL / __ LH
```

图 17　侍建国（2008：345）的分析

　　管辖音系学则认为，丹阳话Ⅲ式变调所表现出来的曲折调延伸现象其实是首字调元向后延伸时也将"主位调调型内不延伸"词库标记同时延伸所致的。也就是说，Ⅲ式变调时，后字调删除后调型为"＿ ＿"，非主位无调，前字调型＿ H（C）的主位调 H 延伸到后字调型的主位"＿"，同时延伸过来的还有仄声调"主位调调型内不延伸"的词库标记，因此延伸后后字调型中主位调不能调型内延伸，后字的调型就是曲折调而非平调。虽然Ⅲ式变调在后字能出现曲折调，但变调过程中延伸的仅仅是调元，而非首字的调型。这就是说，管辖音系学也不承认有曲折调作为整个单位的延伸过程。

第八节 小结

管辖音系学声调理论能为丹阳话声调表征及变调音系过程提供合理解释，尤其是复杂的变调格局能在简约的两类变调式框架内得以生成。本书开篇提出的问题在此理论框架内都能找到令人较为满意的答案：

(1) 延伸操作分为调型内延伸和调型间延伸两种。前者仅限于主位调，而后者则无此限制。

(2) 对管辖做强、弱势的区分具有理论和实践意义。在仄声前字向后延伸时，后字的管辖类别起到了决定性的作用——不同管辖关系的后字对前字调型起到不同的支配作用。

(3) 作为后字时，入清字跨 A、B 两类分布。这是因为入清的音系表征为（H）_，呈弱势管辖，弱势管辖对前字仄清选择_ H（C）的实现不起作用，所以在仄声后入清字归 A 类，而在平声后则归 B 类。

(4) 丹阳话变调中只有前进型变调，而无后退型变调，也没有首尾定调或嵌入式变调。丹阳话的变调其实如吕叔湘所认为的那样，变调组的首字调与其历史调类有对应关系，后字是前字调的延伸结果，在Ⅲ式中确实存在异化过程。异化操作在音系上的解释就是主位调被删除及自动邻接。异化操作受制于 OCP2（*XY.XY, X, Y $\in$ {H, L}; X$\neq$Y），而此 OCP 在丹阳话中仅有 24-24 连调组适用。

(5) 丹阳话在Ⅲ式变调中表现出来的曲折调延伸现象实

第七章　变调历时因素的共时处理

则是由于首字声调向后延伸时将"主位调调型内不延伸"的词库标记同时延伸导致的。这使得Ⅲ式的变调在表层的表现异于其他各式变调。_ H（E）延伸的是主位调（平），而_ H（C）延伸的是主位调（仄）。后字调删除后调型为_ _，非主位无调，_ H（E）的主位调 H 延伸到它的主位后，调型内延伸发生；而_ H（C）中的主位调 H 延伸到_，而同时延伸过来的还有仄声调"主位调调型内不延伸"的词库标记，所以延伸后的调型中主位调不能调型内延伸。

（6）将丹阳话的变调以主要和次要两种变调式来处理，能为这一复杂方言的音系过程做出合理解释。母语习得者经过运用两种变调式，结合学习，经过"尝试—犯错—再尝试—习得"等过程，将每个字组所对应的变调式联系起来，最终的结果是，绝大多数的变调字组都能用变调式推导而出。不规则的仅是少数。这可以说明为什么看似杂乱无章的变调情形能由母语习得者在较短的时间内掌握。同时，这一理论解释还具有工程学意义，由两种变调式的形式化表达作为基础，辅之以自学习机制，就能构建出这一复杂变调系统的机器算法。

第八章

变调的方向性

第一节 引言

自《天津方言的连读变调》(李行健、刘思训,1985)发表以来,天津话变调现象引起了音系学界的广泛关注。这是因为天津话变调字组的内部语法结构与变调结果无关,引发变调的是纯粹的音系条件。加之一些变调现象难以找到合理解释,陈渊泉(Chen,1986)将其称为"天津话连读变调之谜"（以下简称"变调之谜"）。"变调之谜"主要涉及两大方面：一是变调的方向性和规则施用的方式，二是去阴变调的特殊性。

为解开"变调之谜"，过去二十余年间国内外各类刊物已发表讨论文章逾几十篇，所依理论各别，方法也不尽相同。其中重要的有：石锋（1986）从语音实验出发，对天津话双字组的声调进行声学分析。谭馥（Tan，1987；谭馥，1986）认为天津话的四条连读变调规则的运用有先后次序且循环运用（"上上"变调规则除外），而且各条规则有着不同的方向性。洪同年（Hung，1987）认为"去阴"变调的施用在其他变调之后，同时还提出了天津话连读变调中一条重要的制约条件：禁止两个相同的低调出现在相邻的位置上。石锋（1990：19）提出了变调的复杂度分析，在规则的施用方式上区分"同时变调"和"调整变调"两个步骤。王晓梅（2003）认为变调方向为自右至左，其例外变调组——"上上上"和"去去阴"是由"上上"规则和"去阴"规则的特殊性造成的，同时认为节律条件能为"去阴"变调的特殊性做出解释。马秋武（2005a，2005b）在优选论和应理论框架内，通过表层形式对音系变化的制约作用，用并行处理模式分析了三字组连读变调的规则施用方向问题。但值得注意的是，其分析所依据的是陈渊泉（Chen，2000）的三字组连读变调材料，"去去去"的变调结果采用的是"阳阴去"而非"去阴去"，也就是说，对于"变调之谜"仅讨论了规则施用方向性的问题，并未涉及"去阴"的特殊表现。那么，在串行处理模式下，以音系推导的方式，能否同时解决"变调之谜"的两个方面呢？管辖音系学的声调理论将为我们提供答案。

第二节 "天津话连读变调之谜"

天津话二字组连读变调共有如（24）所示的四条规则（李世瑜，1956；李行键、刘思训，1985；石锋，1986）。王嘉龄（2002）曾用优选论分析过变调的音系条件。

(24) 二字组连读变调规则例词①

阴阴→上阴　　　飞$^{11/24}$机^{11}
去阴→阳阴　　　电$^{53/55}$灯^{11}
上上→阳上　　　买$^{24/55}$马^{24}
去去→阴去　　　运$^{53/11}$动^{53}

二字组变调规则是多字组的变调基础。由于自三字组始，多字组可以拆分成不同的二字组组合，因此就会出现前述"变调之谜"的难解现象：规则施用没有一致的方向；"去阴"规则难以看出施用的条件，一些环境中适用，而在另一些环境中却不适用。下面的例子分别说明了这些难解现象。

(25) 规则的左向施用：

---

① 例字上标数字为五度调值，斜线前为单字调，后为变调。

第八章 变调的方向性　　　　　　　121

阴阴阴→阴上阴①，如：开^{11}飞$^{11/24}$机^{11}；
去阴阴→去上阴，如：外^{53}交$^{11/24}$官^{11}；
去去去→去阴去，如：做^{53}运$^{53/11}$动^{53}；
上阴阴→上上阴→阳上阴，如：我$^{24/55}$开$^{11/24}$车^{11}；
阴去去→阴阴去→上阴去，如：花$^{11/24}$布$^{53/11}$店^{53}。

（26）规则的右向施用：
去去阴→阴去阴→阴阳阴，如：照$^{53/11}$相$^{53/55}$机^{11}；
上上上→阳上上→阳阳上，如：纸$^{24/55}$老$^{24/55}$虎^{24}。

（27）"去阴"规则适用：
阴去阴→阴阳阴，如：修^{11}轿$^{53/55}$车^{11}；
阳去阴→阳阳阴，如：男^{55}教$^{53/55}$师^{11}；
上去阴→上阳阴，如：我^{24}看$^{53/55}$书^{11}；
去去阴→阴去阴→阴阳阴，如：照$^{53/11}$相$^{53/55}$机^{11}。

（28）"去阴"规则不适用：
去阴阴→去上阴，如：外^{53}交$^{11/24}$官^{11}；
去阴阳，如：桂^{53}花^{11}油^{55}；
去阴上，如：地^{53}中^{11}海^{24}；
去阴去，如：唱^{53}京^{11}剧^{53}；
去去去→去阴去，如：做^{53}运$^{53/11}$动^{53}。

如（26）中"上上上"变为"阳阳上"和（27）中

---

① 下划线的部分为变调的部分。

"去去阴"变为"阴阳阴"所示,天津话连读变调存在音系晦暗现象——第二字引发第一字变化,接着第三字又引发第二字产生变化,由于第一字的变调环境被破坏,在表层就无法看出它为什么要变调了。正是因为经典优选论对此现象束手无策,陈渊泉(2000)在对"变调之谜"进行解释时采用了有别于经典优选论的分析方法:在优选论分析中保留音系规则;同时引入作用于音系推导过程的制约条件。此外值得注意的是,他分析所依据的语料与李行健、刘思训(1985)以及他本人之前的(陈渊泉,1986)有所不同。"去去去"的变调结果是"阳阴去",而不是"去阴去"。也就是说"去阴"变调规则并不具有特殊性,在任何环境中都能实施变调。

王晓梅(2003)通过语音声学实验和走访调查,对天津话三字组连读变调进行了分析,她的结论是:"去去去"的变调结果是"去阴去",而不是"阳阴去";天津话三字组连读变调的规则施用方向为自右至左;不遵循这一非标记性变调方向的是"上上上"和"去去阴"变调组。它们的例外表现有着各自的原因:(1)"上上"变调的特殊性;(2)"去阴"变调不是纯粹的语音连读变调,还受到节律条件的制约。"去阴"变调是部分异化规则,与其他三条变调规则(异化规则)不同。

除陈渊泉(2000)在优选论分析框架内保留音系规则的做法以外,针对音系晦暗现象而提出的优选论解决方案还有对应理论(Correspondence Theory)与和应理论[Sympathy Theory,或译为共感理论,参见 McCarthy(1999)、左岩(1999)和李兵(2005)]等等。马秋武(2005a,2005b)

运用和应理论对天津话三字组连读变调进行了解释。他认为，针对变调规则左向施用型的三字组，"最右调不变 >> *L.LL，*XY.XY >> 不变调"的制约条件排序在优选论框架内能做出解释。而对于右向施用型的三字组，需通过设立"★右曲调不变"的和应选择器将和应候选项选出，再通过"不变和应※最左调"①的和应忠实性制约条件将与和应选择器最左调相同的优选项选出。制约条件最终的排列顺序为：最右调不变 >> *L.LL，*XY.XY >> 不变和应※最左调 >> ★右曲调不变 >> 不变调。（马秋武，2005a）

和应理论的分析方法是通过对表层形式进行直接制约来获得最终变调结果的，它的核心任务就是要找出和应选择器。分析者利用和应选择器通过最终变调结果（晦暗形式）来反推变调过程，通过晦暗形式中必须出现的某些特征来制约音系过程。如果这些特征并不是源自具有普遍意义的制约条件，那么这种处理方法就是后验的（ad-hoc），对和应选择器的确定具有任意性（arbitrariness），没有原则性的依据，这势必带来陷入循环论证的危险。Idsardi（1997）、Kager（1999）、McMahon（2000：50）、Kiparsky（2000：351）与Ito和Mester（2001：291—292）等研究者曾从不同的角度对和应理论提出批评。其中Kager（1999）曾指出和应选择器的确定仅能根据晦暗形式自身而做出，这多少带有循环论证的意味。McMahon（2000：50）认为缺乏有效的途径来确定和应选择器，同时他还认为正是由于和应理论分析的优选项是通过和应候选项选出的，而和应候选项需要事先确定，这

---

① ※表示和应候选项。

无疑削弱了优选论的并行处理机制。

　　音系晦暗现象是有序推导的必然产物。由于包括和应理论在内的经典优选论抛弃了串行推导机制转而采用并行处理机制，因此在该理论框架里根本就不存在音系晦暗现象。然而，现实存在的音系晦暗现象使优选论无法对此现象置之不理，这就催生了诸如对应理论与和应理论等优选论的分析方法。实际上这些方法不过只是为解释其理论框架内本不存在的晦暗现象的技术手段，它们对揭示晦暗现象的成因起不到任何作用。经过多年探索之后，提出这些方法的 McCarthy（2007：7）本人也承认基于规则的串行音系推导机制有合理之处，随即提出了基于推导的候选项链理论。

第三节　天津话声调系统

　　天津话单字调四个调类的调型分别呈现出"低""高""升""降"四种模式。王嘉龄（2002）分别用"LL""HH""LH"和"HL"来描写它们。根据管辖音系学声调表征理论，天津话的声调系统可概括如（29）。

　　（29）天津话声调系统
　　a. 声调类型：复杂 I 型；
　　b. 声调延伸："H"，"L"，强制性；
　　c. 声调主位：主位居尾；
　　d. 允准制约条件：1. OCP1（*XYX…，X ∈ {H，

第八章　变调的方向性

　　　　L}，Y ∈ {H，L，ø}；X ≠ Y）；

　　2. 主位必有调，即 Ẋ，其中 X ∈ {H，L}。

由以上制约条件可以生成天津话的声调系统：阴平（11）"L̬"、阳平（55）"H̬"、上声（24）"LḤ"和去声（53）"HḶ"。

第四节　二字组连读变调

首先需要说明一点，在二字组连读变调的分析中，OCP（*LL.LL）和 OCP（*L.LL $）①被认为是内涵相同的 OCP，并用一条强制曲拱制约条件 OCP3（*LLLL）来书写。其理由在下文的"关于 OCP（*LLLL）"一节中讨论。

　　(30) 天津话二字组连读变调系统
　　变调域：前字，即前字变调型。
　　变调触发条件：1. OCP2（*XY.XY，X，Y ∈ {H，L}；X≠Y）；
　　　　　　　　　2. OCP3（*LLLL）。
　　变调制约条件：1. 遵守允准制约条件；

---

① 符号"$"表示字组右界。

2. 不违反其他的变调触发条件。

变调操作：1. 增加；2. 删除；3. 邻接（因声调系统有"主位必有调"的允准制约条件）。

下面是根据（30）的连读变调系统对天津话二字组连读变调所做的具体分析。

由四种调型组成的二字组共有 16 种组合方式，其中 12 种因未满足变调触发条件，不引发变调，它们是：

阴平+阳平（<u>L</u>+<u>H</u>），阴平+去声（<u>L</u>+HL），阳平+阴平（<u>H</u>+<u>L</u>），阳平+阳平（<u>H</u>+<u>H</u>），阳平+上声（<u>H</u>+LH），阳平+去声（<u>H</u>+HL），上声+阴平（LH+<u>L</u>），上声+阳平（LH+<u>H</u>），上声+去声（LH+HL），去声+阳平（HL+<u>H</u>），去声+上声（HL+LH），阴平+上声（<u>L</u>+LH）。

满足变调触发条件而可能产生变调的为其他 4 种调型组合：

阴平+阴平（<u>L</u>+<u>L</u>），上声+上声（LH+LH），去声+去声（HL+HL），去声+阴平（HL+<u>L</u>）。其变调过程分述如下：

1. 阴平+阴平（<u>L</u>+<u>L</u>）：满足变调触发条件 OCP3。

为实现变调，变调域调型 "<u>L</u>" 的变调操作空间为：{1. 删除主位调 "L"；2. 增加 "H"}。

若按第 1 种方案实施变调，删除 "L" 后变调域调型变为 "_ _"，根据邻接原则，[1] 被删除的主位调 "L" 邻接至非主位，形成 "L_"，此时主位无调，违反允准制约条件 2。

---

[1] 请参见贺俊杰（2010）。

在此基础上，主位增加"H"，产生非平调型"LH"，最终二字组调型组合也就变成变调结果"LH+<L"（上声+阴平）。

2. 上声+上声（LH+LH）：满足变调触发条件 OCP2。

变调域调型"LH"的变调操作空间为：{删除某调元}。根据删除原则，优先考虑删除"L"，形成"_ H+LH"的二字组调型组合，其中变调域中的主位调"H"强制性延伸，成为高平调——阳平"<H"。

3. 去声+去声（HL+HL）：满足变调触发条件 OCP2。

变调域调型"HL"的变调操作空间为：{删除某调元}。根据删除原则，优先考虑删除"H"，形成"_ L+HL"的二字组调型组合，其中变调域中的主位调"L"强制性延伸，成为低平调——阴平"<L"。

4. 去声+阴平（HL+<L）：满足变调触发条件 OCP3，实际为 OCP（*L.LL$）。

为实现变调，变调域调型"HL"的变调操作空间为：{1. 删除非主位调"H"；2. 删除主位调"L"}。

根据删除原则，优先考虑删除"H"，即按方案1实施变调。因主位有调，被删除的"H"无法邻接，抛弃。删除后二字组变调组合变成"_ L+_ L"，两字的主位调均强制性延伸，形成违反 OCP3 的调型组合"<L+<L"，故放弃此方案变调；① 下面我们再来考虑按方案2实施变调，删除主位调"L"，因非主位已有调，被删除的"L"无法邻接到非主位，抛弃。此时变调域变成"H_"，主位无调，违反允准制约条件2，根据邻接原则2，非主位调"H"邻接至主位，并强制

---

① 若在此方案内继续变调，虽也可以产生合法的变调结果，但违反经济性原则，具体分析请参见贺俊杰（2010）。

性延伸，变成"<H̰"，而二字组调型组合也就变成变调结果"<H̰+<L̰"。

第五节　三字组连读变调

天津话三字组调型组合共有 $4^3 = 64$ 种，其中 27 种出现连读变调现象。而这 27 种当中又有 20 种仅需经历一次二字组变调过程。余下的 7 种需要经历不止一次的二字组变调过程，它们是"阴阴阴""阴去去""上阴阴""上上上""去阴阴""去去阴"和"去去去"。根据以往研究的解释，它们的变调方向有的是左向，有的是右向；"去阴"规则在有些环境中适用，而在另一些环境中则不适用。但我们将看到，根据管辖音系学声调理论的解释，在遵守变调制约条件和变调搜索方向的前提下，各种三字组的最后变调结果是受制于三字组连读变调制约条件和变调搜索方向并经遵循最简原则的变调操作反复施用而得到的。（31）是天津话三字组连读变调的管辖音系学分析模型。

（31）天津话三字组连读变调（管辖音系学分析）
变调全域：三字组；
变调触发条件：同二字组变调触发条件；
变调搜索方向：右向搜索；
变调制约条件：前二字组变调尝试过程中，对于中字调型呈弱势管辖的三字组，变调全域内不允许因变调而产生违反 OCP2（*XY.XY，X，Y ∈ {H，L}；X≠Y）或 OCP（*LL.LL）的调型组；如产生，则放弃当次变调尝试，往下搜索变调可能性。①

让我们先来看"上阴阴"和"阴去去"的变调过程，如（32）所示。它们在右向搜索二字组变调可能性时，前二字组均不触发变调，继而向右搜索，后二字组满足变调条件并变调后，又引发前二字组变调。在表面上就很容易让人认为是后二字组"先"变调的。

（32）上阴阴→上上阴→阳上阴
　　　阴去去→阴阴去→上阴去

而"去去去""阴阴阴"和"去阴阴"在右向搜索二字组变调可能性时，均因中字调型弱势管辖，而变调全域内又因变调而产生了违反 OCP（*XY.XY，X，Y ∈ {H，L}；X≠Y）或 OCP（*LL.LL）的调型组，所以须放弃前二字组的变调尝试并往下搜索，也就成了表面上的后二字组"先"变调了。它们的变调过程请见（33）。

（33）　去　去　去　→　阴　去
　　　去$^{OCP(*XY.XY,X,Y \in \{H,L\};X \neq Y)}$,取消此次变调,向后搜索 → 去 去 去 → 去

---

① 这说明 OCP 不但能诱发音系过程，还能在音系过程中对音系操作起到阻断作用。OCP 不仅是对底层表达形式进行制约的原则，在音系推导过程中也扮演着重要角色。如 McCarthy（1986）曾指出 OCP 能对音系规则的施用产生阻断作用，或对音系规则的输出进行修复。Yip（1988）也曾就 OCP 能否引发音系规则得以施用进行过探讨。

阴去

　　阴阴阴→上阴阴^{OCP(＊LL.LL),取消此次变调,向后搜索}→阴阴阴→阴上阴

　　去阴阴→阳阴阴^{OCP(＊LL.LL),取消此次变调,向后搜索}→去阴阴→去上阴

如（34）所示，"上上上"在右向搜索二字组变调可能性时，中字调型强势管辖，所以不受变调制约条件的限制，直接选择前二字组先变调。

　　（34）上上上→阳上上→阳阳上

最后，"去去阴"在右向搜索二字组变调可能性时，中字调型弱势管辖，但因变调全域内没有因变调而产生的违反OCP（＊XY.XY，X，Y ∈ {H，L}；X≠Y）或OCP（＊LL.LL）的调型组，所以保留前二字组的变调结果，再往下搜索二字组变调的可能性。具体过程请见（35）。

　　（35）　去　去　阴　→　阴　去　阴^{并未违反OCP(＊XY.XY,X,Y∈{H,L};X≠Y)或OCP(＊LL.LL),保留此次变调结果,向后搜索}→阴去阴→阴阳阴

从以上分析，我们可以看出，只有"上上上"的中字调型是强势管辖，而免于变调制约条件的制约。那么，为什么会这样呢？

中字在三字组中的地位比较特殊，它是连接前后字的桥

梁。中字是前字的变调条件，也是后字引发变调的对象。它之上呈现的强势管辖关系能保证自己先完成作为前字变调条件的角色，再受后字的作用。并且该位置只有上声如此，因为同样是主位高调的阳平是不变调的。强势管辖可以免于制约，这显然与主位和高调的结合有密切关系。下面就此进行讨论。

第六节　讨论

一　主位高调性与管辖关系

王晓梅（2003）认为，天津话上声变调有着特殊的重要性，这导致两个上声只要碰到一起就发生变调。在"上上上"组合中，前两个上声碰到一起就会发生变调，在第三个上声出现之前，前两个上声已经发生了变调，所以该组合的变调规则施用方向是由左向右的，与其他变调三字组的变调方向不同。这里我们同样认为上上变调表现出特殊性，但对其特殊性的认定首先是承认上上变调同样遵循的是规则右向施用，并且右向变调是天津话变调的唯一变调方向。管辖音系学对上上变调特殊性的解释是从上声调型自身的内部结构及高调性与主位性之间的关系为出发点的。

管辖音系学的核心思想——管辖关系——对于各种音系过程的实现有着重要意义，而管辖关系界定的前提条件是成分结构中的主位性。在声调系统里，通过主位和调元之间的交互可以实现诸如连读变调中高调的稳定性和低调的欠稳定性，尤其是连续低调的不稳定性。

高调稳定性和低调的不稳定性的体现与声调层的管辖关系有着密切的关系。不同声调系统内各种调型进入语流后迥异的音系行为可以由主位和调元之间的关系得到解释。一般地，主位为低调（即弱势管辖）的调型相对较不稳定，易发生变调；而强势管辖的调型（如天津话的阳平"<H"）相对稳定，不易发生变调。这样，虽同是降调，普通话和天津话的去声和邯郸话的阳平（王萍，2001：27）就有着不同的连贯语流音系表现。天津话的去声容易产生变调，因其是主位居尾型——"HL"调型是低调居主位的弱势管辖，该调型在语流中不稳定。而普通话的去声、邯郸话的阳平不易产生变调，那是因为它们都是主位居首型系统，其中的"HL"调型是强势管辖，在语流中较稳定，不易产生变调。此外，还有普通话的阴平、镇江话的去声（张洪年，1985：192）——"H>"也是强势管辖，不易产生变调。

天津话连读变调中的上声变调是四种基本变调中唯一涉及强势管辖调型的变调，其他变调中涉及的都是主位为低调的弱势管辖调型。为什么呈现强势管辖关系的天津话上声调型会产生变调呢？这是因为它是由异化条件而触发的。也就是说，上声内调元间虽呈强势管辖，但却因天津话不允许相同的曲折调型相邻而产生变调。那么这两条制约条件如何确定施用的先后顺序呢？其实，它们的施用顺序是遵循别处条件（Elsewhere Condition，见 Kiparsky，1973）的：强势管辖的调型稳定是更为普遍的制约条件，而异化条件的应用范围相对受限。当强势管辖关系要求调型相对稳定这一条件与相同曲折调型相邻异化条件对某调型组合均能适用的情形下,前者因为是更普遍的条件而不起作用。这样,天津话上声调型结构上特殊性使得它在变调上表现出与众不同的音系行为。处于三字组中字位置时免受变调制约条件的制约就是其表现之一。

二 关于 OCP（*LLLL）

石锋（1990：18）在论及"去阴"变调时谈到,天津话二字组的正常节奏模式是后字重读,而由于阴平与轻声的声调都是低调,容易混淆,所以为了与轻声相区别,阴平字在二字组后字需要重读延长。对此音系上的解释是,位于字组右界的调型可以得到扩展,成为扩展模板调型（augmented template[①],即 $O_1N_1O_2N_2O_aN_a$,其中 O_aN_a 为扩展部分,提供了一个声调泊位）。当调型组"L.LL"位于字组右界时,位于右界的低调"L"具有向右延伸的能力（听感上就是末词的延长）,这就形成了形如"L.LL.L"的连续低调。而不在右界时,无法获得扩展模板,右边没有扩展的声调泊位,低调"L"不能向右延伸。这样,音系上的解释与石锋的观察和语音解释相得益彰。正是基于这样的分析,位于右界的"L.LL"与"LLLL"具有相同的音系价值,故连读变调中对连续低调的制约统一表达为 OCP3（*LLLL）。也就是说,"去阴"变调违反的是 OCP（*LLLL）,与"阴阴"变调没

---

① 关于 augmented template,请参见 Xu（2001：96—101）。

有区别。

由于三字组变调触发条件与二字组的相同,所以三字组的变调制约条件与触发条件只在一点上有所不同。那就是前者不包含 OCP(*L.LL$),而后者包含。具体而言就是,变调触发条件中的第二条制约是:OCP3(*LLLL)——含 OCP(*LL.LL)和 OCP(*L.LL$)。而三字组的变调制约条件中的第二条制约是:OCP(*LL.LL)。这又作何解释呢?

我们认为,当前二字尝试变调后,利用变调制约条件对变调全域进行合适性评估时,评估的对象是字调的调型,因为此时后二字并未进入音系处理的阶段,对它们调型的引用还是词库形式。所以此时的制约条件是 OCP(*LL.LL),而在如"去去阴"的三字组里,后二字调型的词库形式是"HL.LL"。而一旦对前二字变调合适性评估完成,后二字进入音系处理阶段时,我们会发现"L.LL$"实际上有延伸的可能,这样就会违反 OCP3(*LLLL),进而引发变调。

三 规则施用方向

由于天津话的变调与字组的句法结构无关,因此进入音系处理阶段,句法信息被抹除,保留节律的结构。天津话以抑扬格为主,其二字组的节律结构是(W,S),三字组的是(W,SW,S)。因此,变调由最弱的首音节变起,即右向变调。只有在变调过程中,由于某制约条件的阻断作用才放弃当次处理,并向后寻找其他"规则"施用的环境,在三字组中这就有可能呈现出表象上的左向变调。由于二字组的四条变调规则中有三条的变调字呈弱势管辖，因此在涉及可能多次变调的三字组里中字弱势管辖的数量多于强势管辖的字组，所以受制于三字组变调制约条件的字组数要多于不受制约的字组数。而且即使是在中字弱势管辖而受制于三字组变调制约条件的字组中，出现违反制约条件的字组数要多于没有违反的字组。这就导致了在可能多次变调的三字组中，"规则"左向施用型的字组数要明显多于右向施用型的字组数，很容易造成左向施用型是典型施用型的错觉。

在诸如"上阴阴"和"阴去去"等字组里，前二字不满足变调触发条件而不变调，接下来评估后二字，它们因满足变调触发条件而须变调，之后前二字再行变调。这将引发一个疑问：这与事实上的左向搜索有什么差别呢？后二字变调完成后，变调右向搜索已结束，为什么还要从头再次搜索呢？在音系上看，字组之所以需要变调是因为变调全域内有满足变调触发条件的调型组合。而变调右向搜索的实质在三字组上的体现就是关乎搜索起点是第一字还是第二字的问题。变调搜索有可能不是单方向进行一次即止，一次完整搜索变调结束之后如果变调全域内仍有满足变调触发条件的组合，则须重新启动搜索程序。变调全域内每次完整的搜索总是遵循由左至右的方向设定，变调音系过程结束是以变调全域内不再有满足变调触发和变调制约条件的调型组合为条件的。为所有变调规则设定单一的方向，其施用与否受到变调制约条件的制约，而变调制约条件仅仅是变调触发条件的子集或特例，无须独立设置。这样的理论无疑比那些为各种变调规则分别设定独立变调方向的理论要更加简约一些。

四 去去阴变调中的"层级性"

王晓梅（2003）认为，去阴变调需受到节律条件的制约，该变调的结果是在非重读位置降调的平化。那么同样是降调平化的去去变调、升调平化的上上变调为何在相同的节律环境下不受其制约呢？去阴调型组变调与否与其在字组中的位置有关，这种位置上的差异恐怕不仅是节律模式上的差异，而且更重要的原因是不同位置上的音系结构以及结构内不同的音系关系。

在王晓梅（2003）的讨论里，去去阴之所以与非标记性变调方向相反是由于去去变调比去阴变调层级高。而在管辖音系学的分析中，去去阴的变调过程是符合变调搜索方向的。在搜索过程中前二字的变调之所以没有受到变调制约条件的制约，是因为后二字组的调型组合并不违反 OCP（*XY.XY，X，Y ∈ {H，L}；X ≠ Y）或者 OCP（*LL.LL）。我们认为，四种基本变调并没有层级上的差异，它们施用的先后顺序是根据当前变调环境与变调制约共同决定的。在任一时刻，只有一种变调可能，这完全符合管辖音系学的最简原则（Kaye，1995：291）。

第七节 小结

生成音系理论的任务在于用形式化的方法重构人脑中的

音系知识和音系过程。作为一种高度形式化的音系学理论，管辖音系学声调理论通过注重结构分析的方法对声调音系单位进行表征，并在仅仅依据纯粹的音系制约条件来解释纯音系条件的连读变调现象。它的推导性保证了对音系过程的解释忠实地反映了音系过程的原貌，而它纯粹的形式化方法则保证了此理论框架简洁的可计算性。

第九章

声调表达抽象性

第一节 引言

壮语是以武鸣话为标准音。从调值所反映的变调情况看,武鸣壮话与龙州壮话变调系统并不相同。通过分析两种壮语方言的声调音系,本研究试图得出结论,不管是武鸣壮话还是龙州壮话,其声调底层表达一致,其声调系统类型和允准制约条件相同。这将表明,当我们剥离了以调值为表象的语音因素后，壮语的这两种方言声调系统的生成机制是一致的。

第二节　武鸣壮话的连读变调

武鸣壮话的连读变调比较复杂，变调会涉及调类的配合，并与元音长短、语法关系、汉语借词和节律等因素有关。语法、节律以及汉语借词等因素仅决定变调是否发生（蔡培康，1987）。因此先找出变调规律，用形式化的方法解释变调机制是根本性的工作。在此基础之上，再考察变调与句法或节律的接口问题。

表 17 先给出武鸣壮话的声调系统示例：

表 17　　　　　　　　武鸣壮话声调系统示例

调类	调值	例字	调类	调值	例字
第 1 调/阴平	24	pai^{24}去	第 7 调/阴入（短元音）	55	tap^{55}肝
第 2 调/阳平	31	na^{31}田	第 8 调/阴入（长元音）	55	ta：p^{55}塔
第 3 调/阴上	55	na^{55}脸	第 9 调/阴入（长元音）	35	ma：k^{35}果
第 4 调/阳上	42	ma^{42}马	第 10 调/阳入（短元音）	33	pak^{33}累
第 5 调/阴去	35	na^{35}箭	第 11 调/阳入（长元音）	42	la：p^{42}腊
第 6 调/阳去	33	ta^{33}河	第 12 调/阳入（长元音）	33	pa：k^{33}劈

其中第 8 调和第 11 调的字（为行文方便，本书以"字"代表音节）在连读时，调值非常稳定。它们本身不变调，也不会影响到其前后的字发生变调（蔡培康，1987：20）。因

此,本书的讨论不包括这两个调。武鸣壮话的连读变调属于前字变调型。后字发生变调的情况极少,仅限于动词与形容词后附成分属于绘声绘形的音节。本书也不涉及。

能产性强的二字组连读变调的规律可以总结如下(蔡培康,1987:20—21;张元生,1983:95):

1. 第1调字在第1、2调字和第7、10调字之前,变读为第3调,如:mau(猪)$^{24/55}$+nin(睡)^{31}、wa(花)$^{24/55}$+plak(菜)^{55}等;

2. 第2调字在第1、2调字和第7、10调字之前,变读为第4调,如:na:m(南)$^{31/42}$+mo:n(门)^{31}、na(田)$^{31/42}$+plak(菜)^{55}等;

3. 第5调、第9调的字,在第5调和第7、9调字前,变读为第3调,如:rai(蛋)$^{35/55}$+kai(鸡)^{35}、sai(四)$^{35/55}$+sai(四)^{35}等;

4. 第6调、第10、12调除在第4调字前不变调外,其他变读为第4调,如:no(肉)$^{33/42}$+pi(肥)^{31}、jap(栋)$^{33/42}$+tu(豆)^{33}等;

5. 第3、4调字和第7调字为前字时,一律不变调;

6. 第3、4调字为后字时,前字不变调。

将二字组变调情况用表格形式归纳,可以形成如表18的格局。

表18　　　　　　　　二字组变调归纳表

后字 前字	第1调 24	第2调 31	第3调 55	第4调 42	第5调 35	第6调 33	第7调 55	第9调 35	第10调 33	第12调 33
第1调 24	55	55	—	—	—	—	55	—	55	—

续表

前字＼后字	第1调 24	第2调 31	第3调 55	第4调 42	第5调 35	第6调 33	第7调 55	第9调 35	第10调 33	第12调 33
第2调 31	42	42	—	—	—	—	42	—	42	—
第3调 55	—	—	—	—	—	—	—	—	—	—
第4调 42	—	—	—	—	—	—	—	—	—	—
第5调 35	—	—	—	—	55	—	55	55	—	—
第6调 33	42	42	42	—	42	42	42	42	42	42
第7调 55	—	—	—	—	—	—	—	—	—	—
第9调 35	—	—	—	—	55	—	55	55	—	—
第10调 33	42	42	42	—	42	42	42	42	42	42
第12调 33	42	42	42	—	42	42	42	42	42	42

对于以上变调现象，蔡培康（1987：21）认为，武鸣壮话各调类字出现的频率较为悬殊，第1调字出现频率最高，第2调次之，因此，连贯语流中会出现大量的"低调值"字，若不按变调规律变调，会缺乏生气，甚至十分难听，所以大部分音节须变读为"高调值"。而黄平文（2000：15）则认为蔡培康关于壮语连读变调向高调值靠拢的观点揭示的仅是表面现象，当放到整个壮语声调系统（即考虑其他壮语方言）时，这种观点就难以站得住脚。黄平文（2000：16）认为，壮语连读变调之所以以第3调和第4调为变调目标，那是因为如此变调后，前字的音势相对减弱，后字的音势相

对得到加强，构成"前轻后重"的节奏。并认为这种节奏模式在壮侗语的其他语言中相当普遍。根据这一观点，变调后前字的55和42两种调值反映了前字音势减弱的趋势，也就是说，24在31前变为55而形成55-31变调组是要构成前轻后重的节奏，31在24前变为42（42-24）也是为了符合前轻后重的节奏。我们认为，节律说确实为认识武鸣壮话的连读变调提供了新的视角，但我们仍有如下困惑，提出来共同讨论：24在33前不变调是否就符合前轻后重的节奏呢？因为，24在31前不够轻才变成55的，而在33前就足够轻吗？同理，24在42前不变调是否也符合前轻后重的节奏呢？因为根据以上观点，42-24是前轻后重，两者前后交换位置是否仍然还是前轻后重呢？这样看来，除了节律的因素，应该还有其他因素在起作用。

从变调与调值之间的关系出发，仅能得出阴调变阴调、阳调变阳调的结论，难以解释为什么第3调、第4调分别是奇数调和偶数调的变调目标，也不容易揭示变调过程所涉及的音系过程——这些音系过程是否由某种统一的变调操作来完成的。如果将武鸣壮话的变调现象置于管辖音系学声调理论（Kaye，2001；贺俊杰，2010）框架内进行讨论，那么这些问题都能找到答案。

根据管辖音系学声调理论，我们构建出武鸣壮话声调系统的管辖音系学模型①，如（36）所示。

（36）武鸣壮话声调系统

---

① 具体分析请参见许卓（Xu，2002）对宏魁土语的分析。

a. 声调类型：复杂Ⅰ型；

b. 声调延伸：H，强制性，词库标记不延伸者除外；L，词库标记不延伸。

c. 声调主位：位置型，主位居尾；

d. 允准制约条件：1. OCP1（*XYX…，X ∈ {H, L}，Y ∈ {H, L, ø}；X ≠ Y）；

2. 每种调型最多仅有一个调元。

由以上制约条件可以生成如下声调系统：第1调/阴平"L̠"、第2调/阳平"_ L"、第3调/阴上"<̠H"、第4调/阳上"H̠_"、第5调/阴去"_ H"（词库标记不延伸）、第6调/阳去"_ _"、第7调/阴入（短元音）"（_）H"、第8调/阴入（长元音）"_ H"（词库标记不延伸）、第9调/阴入（长元音）"_ H"（词库标记不延伸）、第10调/阳入1（短元音）"（_）_"、第11调/阳入2（长元音）"H _"和第12调/阳入（长元音）"_ _"。

这里需要说明的是，入声根据元音分长短调，音系表征上，非主位用括号括起来，表示这一位置没有对应的核心（nucleus）与其连接。但其音系价值与没有括号的长调表征相同。比如，第7调的"（_）H"其实与第9调的"<̠H"具有相同的音系价值，前者由于非主位没有核心相连接，所以主位的高调元"H"就无法延伸至此位置。

有趣的是，除开第8调和第11调，其他调的声调表征体现出如下规律：奇数调（除第1调外）主位均有高调元，而偶数调则主位不是高调元。这种布局似乎与"奇数调变第3

调，偶数调变第 4 调"的规律有某种契合。对此具体的分析我们将在后面的讨论中给出。

第三节　武鸣壮话二字组连读变调的解释

如果将表 18 的变调表用管辖音系学声调体系进行表征，我们可以得到表 19。这似乎仍然难以理出什么头绪。

表 19　　　　二字组变调的管辖音系学声调表征

前字＼后字	第1调 L.	第2调 _L	第3调 <H	第4调 H_	第5调 _H	第6调 _ _	第7调 (_)H	第9调 _H	第10调 (_)_	第12调 _ _
第1调 L.	<H.	<H.	—	—	—	—	<H.	—	<H.	—
第2调 _L	H_	H_	—	—	—	—	H_	—	H_	—
第3调 <H	—	—	—	—	—	—	—	—	—	—
第4调 H_	—	—	—	—	—	—	—	—	—	—
第5调 _H	—	—	—	—	<H.	—	<H.	<H.	—	—
第6调 _ _	H_	H_	H_	H_	H_	H_	H_	H_	H_	H_
第7调 (_)H	—	—	—	—	—	—	—	—	—	—
第9调 _H	—	—	—	—	<H.	—	<H.	<H.	—	—
第10调 (_)_	H_	H_	H_	—	H_	H_	H_	H_	H_	H_
第12调 _ _	H_	H_	—	—	H_	H_	H_	H_	H_	H_

如果分别将奇数调和偶数调聚拢起来，则变成表 20 的样子。这样调整以后，前字的变调结果被分成了明显的上下两个部分——上面各排是奇数调变调后的"<H"，也就是第 3 调的音系表征形式；下面各排则是偶数调变调后的"H_"，也就是第 4 调的音系表征形式。

表 20　　　　　　　　调整后的二字组变调归纳表

前字＼后字	第3调 <H	第5调 _H	第7调 (_)H	第9调 _H	第1调 L	第2调 _L	第6调 _	第10调 (_)_	第12调 _	第4调 H_
第3调 <H	—	—	—	—	—	—	—	—	—	—
第5调 _H	—	<H	<H	<H	—	—	—	—	—	—
第7调 (_)H	—	—	—	—	—	—	—	—	—	—
第9调 _H	—	<H	<H	<H	—	—	—	—	—	—
第1调 L_	—	—	<H	—	<H	<H	—	<H	—	—
第2调 _L	—	—	H_	—	H_	H_	—	H_	—	—
第6调 _	H_	H_	H_	H_	H_	H_	H_	H_	—	—
第10调 (_)_	H_	H_	H_	H_	H_	H_	H_	H_	—	—
第12调 _	H_	H_	H_	H_	H_	H_	H_	H_	—	—
第4调 H_	—	—	—	—	—	—	—	—	—	—

蔡培康（1987：20—21）和张元生（1983：95）在归纳第 5 调和第 9 调前字时总结有如下规律：第 5 调、第 9 调的字，在第 5 调和第 7、9 调字前，变读为第 3 调。其实，第 3

调和第 7 调同样遵循这一规律，只不过由于变调后的形式无法从表层的语音形式看出来罢了。如表 21 所示，第 3 调变调前后的音系表征和语音表现一致，当然也可以认为是没有变调了。但把它看成是有变调，则整个变调体系则更加整齐。同理，第 7 调是短调，我们也可以把它看成是经历了变调，而由于非主位没有核心可以连接，语音上表现不出变调结果。

表 21　　　　　　　前字为第 3 调和第 7 调的变调

后字 前字	第 3 调 ≤H	第 5 调 _H	第 7 调 (_) H	第 9 调 _H	……
第 3 调 ≤H	≤H	≤H	≤H	≤H	—
第 5 调 _H	—	—	—	—	—
第 7 调 (_) H	(≤) H	(≤) H	(≤) H	(≤) H	—
……					

将表 20 和表 21 整合到一起，我们可以得到表 22。根据后字与前字的配合情况，可以将表 22 划出三个区域。同一区域内的变调可以看作是有着相同的触发条件。这三个条件可以分别表述为三条 OCP（Obligatory Contour Principle，强制曲拱原则）：

1. 不允许前后字同时都无高调调元，这是一条典型的 OCP。形式化表达为：OCP［*！∃(H).！∃(H)］[①]。这一变调触发条件引发了表 22 中 1 区的变调。

---

① 这里的"∃"符号为存在量词。

第九章 声调表达抽象性

2. 不允许连续出现无调的节点。形式化表达为：OCP（*_ _._ X），X ∈ {H, L, ø}。这一变调触发条件引发了表22中2区的变调。

3. 不允许相同曲拱调相邻。这也是典型的OCP。形式化表达为：OCP（*XY.XY，X ∈ {L, ø}，Y ∈ {H, L, ø}；X≠Y）。但其中为什么X所属的集合里没有"H"呢？这一限制来自OCP，因为接下来我们会看到变调所需的操作是在变调字调型内增加高调"H"，而根据壮语声调系统的允准制约，连接的"H"须优先连接于非主位。此时如果后字非主位也是高调的话，就违反了OCP——不同时出现高调。这一变调触发条件引发了表22中3区的变调。

表22　　　　　　　二字组变调归纳表（整合后）

前字＼后字	第3调 <H	第5调 _H	第7调 (_)H	第9调 _H	第1调 L_	第2调 _L	第6调 _	第10调 (_)	第12调 _	第4调 H_
第3调 <H	<H	<H	<H	<H	—	—	—	—	—	—
第5调 _H	—	<H	<H	<H	—	—	—	—	—	—
第7调 (_)H	(<) H	(<) H	(<) H	(<) H	—	—	—	—	—	—
第9调 _H	—	<H	<H	<H	—	—	—	—	—	—
第1调 L_	—	—	<H	—	<H	<H	—	<H	—	—
第2调 _L	—	—	H_	—	H_	—	—	H_	—	—
第6调 _	H_	H_	H_	H_	—	—	—	—	—	—
第10调 (_)	H_	H_	H_	H_	—	—	—	—	—	—

续表

后字 前字	第3调 <H	第5调 _H	第7调 (_)H	第9调 _H	第1调 L	第2调 _L	第6调 _	第10调 (_)_	第12调 _	第4调 H
第12调 _	H	H	H	H	H	H	H	H	—	
第4调 H	—	—	—	—	—	—	—	—		

那么，当二字组满足以上三条触发条件之一时，前字又是如何分别变成第 3 调和第 4 调的呢？其实，不论是奇数调前字还是偶数调前字，虽然表层看它们分别变成了"55"和"42"的调值，它们由本调变为变调所经历的音系操作是相同的，即在前字的调型内增加高调元"H"。

由于武鸣壮话不是"主位必有调"的系统，根据声调"增加"的原则，增加的调元应优先考虑连接至非主位，非主位有调则连接主位。这里前字调型内增加的调元将根据情况分别连接至非主位和主位。下面我们以"第 2 调+第 2 调""第 1 调+第 1 调""第 6 调+第 3 调"和"第 5 调+第 5 调"字组为例，分别说明变调过程如下。

"第 2 调+第 2 调"：由于满足 OCP［＊！∃(H).！∃(H)］这一条件而引发变调，前字的底层调为"_ L"，变调所应增加的"H"连接至非主位，则整个调型变成了"HL"。这一组合违反了允准制约条件——每种调型最多仅有一个调元。因而，主位调"L"被自动删除，形成"H_"的结果调型。这正是表层调值"42"的音系表征。

"第 1 调+第 1 调"：同样，这一字组也是因 OCP［＊！∃(H).！∃(H)］这一条件而引发的变调。前字的底层调为

"L̠"。变调所应增加的"H"由于非主位已有调而改而连接至主位,形成"LH"。同理,这照样违反了允准制约条件——每种调型最多仅有一个调元。因而,非主位调"L"被自动删除,形成"_ H",主位调左向延伸,得到最终的结果调型"≤H",对应于五度法的"55"。

"第6调+第3调":这一字组因满足触发条件 OCP(*_ _._ X),X∈{H,L,ø} 而引发变调。前字的底层调为"_ _"。变调所增加的"H"直接连接至非主位,形成表层调"42"的音系表达式"H_"。

"第5调+第5调":此字组因满足变调触发条件 OCP(*XY.XY,X∈{L,ø},Y∈{H,L,ø};X≠Y)而引发变调。变调所增加的"H"需连接至非主位,但由于主位已有高调元,非主位仅需从主位获得高调元的左向延伸即可。

由以上分析可知,武鸣壮话二字组变调由 OCP 引发,变调所需的操作仅为在前字增加高调。变调随后所经的过程均由允准制约和变调制约共同作用而自动完成。这样,看似完全不同的表层变调实则是经过统一的音系过程而获得的。下面总结出武鸣壮话二字组连读变调的管辖音系学模型,见(37)。

(37) 武鸣壮话二字组连读变调系统
变调域:前字,即前字变调型。
变调触发条件:1. OCP2 [*!∃(H).!∃(H)];
　　　　　　　2. OCP3 (*_ _._ X),X∈{H,L,ø};

3. OCP4（*XY.XY，X∈{L, ø}，Y∈{H, L, ø}；X≠Y）。

变调制约条件：1. 遵守允准制约条件；
2. 不违反其他的变调触发条件。

变调所需操作：1. 增加；2. 删除。

变调必选操作：前字调型内增加"H"。

第五节　龙州壮话的声调系统

广西西南部的龙州县城通行龙州壮话，可以作为壮语南部方言的代表。李方桂先生的《龙州土语》和梁敏、张均如等合著的《壮语方言研究》均对龙州壮语进行了描写。李洪彦等（2006）利用声学语音学方法，对龙州壮话的声调进行了声学分析，并拟出了各调类的声调调值。表23是这三种文献对龙州壮话声调的描写汇总。

表23　龙州壮话声调描写，表内带下划线的是促声调，
其他为舒声调

调类	李方桂（1940）	梁敏、张均如等（1999）	李洪彦等（2006）
1	33	33	44
2	31	21	42
3	24	24	35
4	31	32	42
5	55	55	354

续表

调类	李方桂（1940）	梁敏、张均如等（1999）	李洪彦等（2006）
6	11	11	31
7	55	55	35
8	21	11	31
10	/	32	/

下面我们以李洪彦等（2006）的声调描写为依据，对龙州壮话的声调系统进行管辖音系学声调分析。

龙州壮话的管辖音系学模型（38）仍可用武鸣壮话的系统（36）生成。

(38) 龙州壮话声调系统

a. 声调类型：复杂 I 型；

b. 声调延伸：H，强制性，词库标记不延伸者除外；L，词库标记不延伸。

c. 声调主位：位置型，主位居尾；

d. 允准制约条件：1. OCP1（*XYX…，X ∈ {H, L}，Y ∈ {H, L, ø}；X≠Y）；

2. 每种调型最多仅有一个调元。

所生成的调型与壮话调值之间的对应关系如表24所示：

表24　　　　龙州壮话声调管辖音系学表征

调类	李洪彦等	管辖音系学表征
1	44	-
2	42	H

续表

调类	李洪彦等	管辖音系学表征
3	35	L̠
4	42	H̠
5	354	<H·
6	31	ˍL·
7	<u>35</u>	L̠
8	<u>31</u>	ˍL

其中需要说明的是，第3调的调值是35，考虑到李方桂（1940）和梁敏、张均如等（1999）记音为24，我们用 L̠ 给它进行表征。

关于龙州壮话的二字组变调，李方桂（1940）认为第5调和第7调在某些条件下会由高平调变为高升调。而李洪彦等（2006）进行了较为完整的归纳：

第1调：［44］→［443］前字+＿＿＿

第5调：［354］→［35］ ＿＿＿+后字

我们认为，第1调的变调不具有音系学意义，可以看作是词末音节的声调下倾。第5调的变调可以认为与李方桂（1940）的描写一致，前字高平调变为高升调。

那么，龙州壮话二字组变调该如何分析呢？

我们认为，相比起武鸣壮话，龙州壮话二字组的变调趋于简化。变调触发条件已不如武鸣壮话里有三条之多。仅留下（37）中OCP4：OCP4（*XY.XY, X∈{L, ø}, Y∈{H, L, ø}; X≠Y）。且该制约条件也进一步简化为：OCP5（*XY.XY, X∈{ø}, Y∈{H}）。

第六节　小结

通过管辖音系学声调理论的视角来观察和解释武鸣壮话的变调现象，可以得出武鸣壮话二字组变调是由强制曲拱原则（OCP）所触发的结论，并且变调所需的操作仅仅是在前字增加高调，由该操作出发而经的变调过程是由允准制约和变调制约的共同作用而自动完成的。其中变调触发条件（即OCP）、变调制约及允准制约均为具有普遍意义的制约原则或参数，且数量极为有限。这样的解释具有简约性，符合生成语言学的理论目标。而变调操作也足够简明，统一的变调操作（增加高调元）在原则性的制约条件作用下，在不同的变调环境中能推导出不同的变调结果，且与变调事实吻合度相当高。

本书的解释除了以上的优点以外，仍有需要进一步探讨的地方。比如，表22中的阴影部分就是根据以上变调"规则"需变调而未变调的，是有什么方面的原因导致出现这样的例外，尚待进一步研究揭示。

此外，龙州壮话和武鸣壮话虽然表层的声调不同，但基本可以认为是由相同的声调生成系统生成的。只是某些调类的声调表达与调类之间的对应关系有所变化而已。我们初步的分析是，这种方言间的差异不是本质上的，声调表达具有抽象性。声调的语音实现与其音系表达有一定的距离。

第十章

基于声调理论的变调自动化处理研究

第一节 研究目标及意义

在前期关于管辖音系学（Government Phonology）声调理论探索的基础上，本章从在变调模式和机制方面具有代表性的汉语普通话、天津话和丹阳话等方言入手，运用计算语言学方法，以服务于语言工程为目标，对变调的计算机自动处理算法进行研究，以检验管辖音系学声调理论的精简性和可行性，并证明基于该理论的变调自动化处理模型具有跨方言的算法内核一致性、算法代码精简性以及方便的可移植性等特点。

基于管辖音系学声调理论的自动处理模型将为包括天津话的变调方向性问题、丹阳话的变调复杂性问题、厦门话与德州话变调环的动因和路径问题等在内的汉语声调研究中的若干变调难题给出原则性的统一解释。基于管辖音系学声调理论，将声调的独值表征、变调操作的原则性制约转换成工程算法，对于语音合成及识别中变调算法的精简化、提高合成语音的自然度，都将产生积极作用。

本章的研究具有应用前景，这主要表现在语音合成技术方面。较之基于偶值或多值特征的表征，基于独值特征的声调表征为语流中相应声学特征的提取提供了更为可行的支持。这在音段的处理方面已得到验证。目前对于语音合成中变调的处理，要么是由于相关语言学研究尚不够深入，工程上基本不处理变调，要么是采用的变调处理模型不够精简，工程上的算法就较为复杂，影响合成的实时处理速度。基于管辖音系学声调理论的处理模型将有望克服以上不足。

本章研究的创新之处在于首次系统地将管辖音系学的原理应用于面向工程的汉语声调表征及变调机制探索，以此验证构建具有普遍意义的、完善的管辖音系学声调理论假设的可行性。它不仅为汉语声调研究提供了新的思路，也利用汉语语言事实丰富和发展了管辖音系学的声调理论。基于该理论针对变调自动化算法的研究与探索具有可持续的研究价值和广阔的应用前景。

第二节　声调生成及变调自动处理系统

本节在管辖音系学（Government Phonology）声调理论框架内，以在变调模式和机制方面具有代表性的天津话和丹阳话等方言为例，运用计算语言学方法，对变调的计算机自动处理算法进行研究，以检验管辖音系学声调理论的精简性和可行性，并证明基于该理论的变调自动化处理模型具有跨方言的算法内核一致性、算法代码精简性以及方便的可移植性等特点。

一　声调系统生成模型

基于以上理论构想，声调语言各方言间声调系统上的差异就可以通过各系统间在调元数目、主位、延伸和允准制约条件选择等参数设置上的差异得到解释。下面我们以汉语普通话、天津话、德州话、厦门话、长沙话、广州话、西安话、丹阳话和镇江话为例，通过语音合成实验说明管辖音系学声调理论的工程学意义和应用价值。

二　跨语言声调系统生成参数设定

下面先以天津话的声调系统为例说明某声调系统中允准制约条件、主位和延伸等参数设置在系统生成过程中的作用。天津话有四个调类，阴平、阳平、上声和去声。它们的语音表现分别为低平调、高平调、低升调和高降调，调值描写分别为11、55、24和53。它们在音系上的价值分别是LL、HH、LH和HL。根据管辖音系学声调表征理论，这四种调类调型的音系表达应该是阴平"<L̰"、阳平"<H̰"、上声"L̰H"和去声"H̰L"。其中下加着重号的为调型主位，位于主位上的调元强制性延伸至无调的非主位，从而形成平调，这样的声调表征方式是依据音系理论中的一条强制曲拱制约条件而产生的。这条制约条件要求相邻位置不允许出现相同的调元，即OCP1。由于天津话属于复杂I型声调系统，该型系统有两个调元H和L，将它们和占位元素进行两两组合，共有3^2种组合。① 其中四种合法组合须通过OCP1以及另一条允准制约条件的共同作用得以生成。（38）是天津话声调系统的管辖音系学模型示例。

(38) 天津话声调系统
  a. 声调类型：复杂I型；
  b. 声调延伸："H"，"L"，强制性；
  c. 声调主位：主位居尾；
  d. 允准制约条件：1. OCP1；
        2. 主位必有调，即X̰，其中X∈{H, L}。

表25给出了更多语言（方言）的参数设置。从该表我

---

① 模板型语言中，最小的音系范域由$O_1N_1O_2N_2$模板定义（Goh, 1997；吴英成，2000：242），每个调型与两个核心连接。

们可以观察到模板型语言的允准制约条件、主位设定以及延伸设定等参数设置与相应语言（方言）之间的关系。需要说明的是，表中的"?"说明该声调系统参数组合尚未找到其对应的语言实例。这是因为其相应的允准制约条件与管辖音系学声调理论中高调主位性理论的要求存在较大差距。也就是说，高调主位性理论对语言事实有一定的预测能力。

表 25　　　　　跨语言（方言）声调系统参数设置

复杂 I 型系统

允准制约条件	主位	延伸	合法调型	非法调型	语言示例
OCP1；调型内须有高调元	居首	强制性（H、L）	H．_, _H．, LH, HL	L．_, _L．, _ _	汉语普通话
OCP1；调型内须有低调元	居首	—	L．_, _L．, HL, LH	H．_, _H．, _ _	?
OCP1；主位须有调	居尾	强制性（H、L）	_H．, _L．, LH, HL	H．_, L．_, _ _	天津话
OCP1；主位须有调	居首	强制性（H、L）	H．_, L．_, HL, LH	_H．, _L．, _ _	德州话，西安话
OCP1；非主位须无调	居首	—	H．_, L．_, _ _	_H．, _L．, HL, LH	?
OCP1；主位须无调	居首	—	_H．, _L．, _ _	H．_, L．_, HL, LH	?
OCP1；非主位须有调	居首	—	_H．, _L．, HL, LH	H．_, L．_, _ _	?
OCP1；调型内仅有一个调元	居首	强制性（H、L）	H．_, _H．, L．_, _L．	HL, LH, _ _	镇江话
OCP1；调型内最多只有一个调元	居首	强制性（H、L），词库标注不延伸（H、L）	H．_, _H．, L．_, _L．, _ _	HL, LH	广州话
OCP1；调型内最多只有一个调元	居首	强制性（H、L），词库标注不延伸(L)	H．_, _H．, L．_, _L．, _ _	HL, LH	长沙话

第十章 基于声调理论的变调自动化处理研究 159

续表

复杂 I 型系统					
OCP1;调型内最多只有一个调元	居尾	强制性(H),词库标注不延伸(H、L)	H̱, H̱, ̱L, L	LH, HL	武鸣壮话
OCP1;低调不居主位	居首	强制性(H、L)	H̱, H̱, HL, Ḻ, ̱	Ḻ, LH	厦门话
OCP1;高调不居非主位	居首	强制性(H、L),词库标注不延伸(L)	H̱, HL, ̱L, Ḻ, ̱	H̱, LH	玉林话
OCP1;低调不居非主位	居首	—	Ḻ, LH, H̱, ̱	̱L, HL	?
OCP1;高调不居主位	居首	—	Ḻ, ̱L, LH, H̱, ̱	H̱, HL	?
简单型系统					
允准制约条件	主位	延伸	合法调型	非法调型	语言示例
OCP1	居尾	强制性(H),词库标注不延伸(H)	H̱, H̱, ̱	—	丹阳话

三 跨方言声调生成与合成

根据管辖音系学声调系统,可以形成跨语言(方言)声调系统的生成算法,并构建出跨语言(方言)声调生成系统,见图18。

图19所示是通过该系统的声调生成与合成机制,对字串"南开大学外语学院"的声调层进行跨方言置换,说明了该算法的合成效果具有很高的可懂度和跨方言区别度。图19显示所生成的各示例方言的声调层在示例字串上的音高曲线走势。将依据各方言声调系统所生成的示例字串声调层与原始

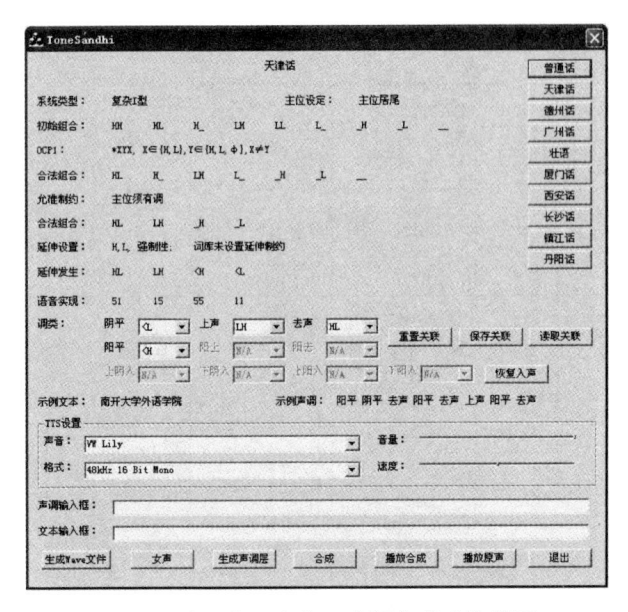

图 18 跨语言（方言）声调生成系统截图

发音的声调层进行置换，即可获得目标方言的合成语音。经过听辨实验，合成语音的方言声调特征明显，所属方言归属辨识率高。

第三节 变调自动处理系统示例

此节以天津话二字组连读变调和丹阳话变调的计算机算法为例，说明基于语言学理论研究成果的言语工程算法具有较好的通用性和移植性。

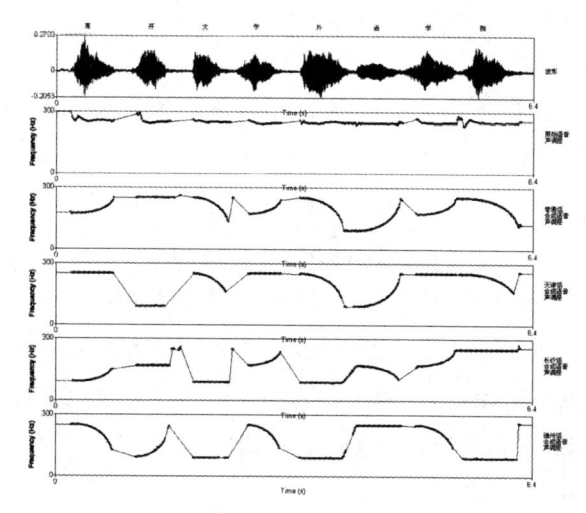

图 19　跨方言声调层置换合成示例

一　天津话二字组连读变调算法

由天津话四种合法调型组成的二字组共有 16 种组合方式，其中 12 种因未满足变调触发条件不引发变调，其余的 4 种调型组合因满足变调触发条件而可能产生变调。其他是：

阴平+阴平（$\underline{L}+\underline{L}$），上声+上声（LH+LH），去声+去声（HL+HL），去声+阴平（HL+$\underline{L}$）。

（39）是天津话二字组连读变调系统的管辖音系学模型。以上四种变调二字组组合均因违反（39）中的某条变调触发条件而引发变调。变调过程中需经历若干变调音系操作，每一操作的施用都是在变调触发条件、操作施用原则、变调制约条件以及该声调系统允准制约条件的共同作用下完成的。

(39) 天津话二字组连读变调系统

变调域:前字,即前字变调型。

变调触发条件:1. OCP2(*XY.XY, X, Y ∈ {H, L}; X≠Y);

2. OCP3(*LL.LL);

3. OCP4(*L.LL)。

变调制约条件:1. 遵守允准制约条件;

2. 不违反其他的变调触发条件。

变调操作:1. 增加;2. 删除;3. 邻接(因声调系统允准制约条件有"主位必有调")。

下面是天津话二字组变调主程序蓝图的示例:

cout << endl << "天津话二字组变调:" << endl;
CTp tpFirst, tpSecond, tpFirstTemp; //定义前后字调型及变调调型
tpFirst = tpAfterSpreading; //生成前字调型
tpSecond = tpAfterSpreading; //生成后字调型
CSpace space, space_ temp; //定义变调操作空间
int iFirst, iSecond; //定义前后字调型下标
SANDHIRESULT sr; //定义变调结果结构变量
for (iFirst = 0; iFirst < tpFirst.query_ patternnum (); iFirst++) {
    for (iSecond = 0; iSecond < tpSecond.query_ patternnum (); iSecond++) {
        cout << tpFirst.query_ pattern (iFirst) << tpSec-

第十章 基于声调理论的变调自动化处理研究

```
ond. query_ pattern (iSecond) << " \ \ t";
        if ( legality _ evaluate ( &tpFirst, iFirst,
&tpSecond, iSecond) ) {
        //调型组合不引发变调,输出字组
        cout << tpFirst. query_ pattern (iFirst) << tp-
Second. query_ pattern (iSecond) << endl;
    } else {
        //调型组合引发变调,进入变调程序
        cout << "!!!! \ \ t";
            operation _ space ( &tpFirst, iFirst,
&space); //operation space
        for ( int iOpCount = 0; iOpCount < space. query
_ elementnum ( ); iOpCount++) {
            space _ temp. set _ operation ( 0,
space. query_ operation (iOpCount) );
        tpFirstTemp = tpFirst;
        sr. sp [iOpCount] . sandhi_ count = 0;
        do {
            do_ sandhi ( &tpFirstTemp, iFirst, space
_ temp. query_ operation (0) );
            if ( tpFirstTemp. query_ element (iFirst,
tpFirstTemp. query_ headpos ( ) )! = IDENTITY) {
                char str [STR_ MAX_ LEN];
                strcpy (str, tpFirstTemp. query_ pattern
(iFirst) );
                if (str [0] = = str [1] ) {
```

```
                    sr. sp [iOpCount]. sandhi_ count =
LC_ OCP1_ VIOLATED;
                    break;
                    }
                }
                if ( ! legality_ evaluate (&tpFirstTemp,
iFirst, &tpSecond, iSecond) ) {
                    sr. sp [iOpCount]. sandhi_ count = SD
_ CONSTRAINTS_ VIOLATED;
                    break;
                }
                if ( tpFirstTemp. query_ element (iFirst,
tpFirstTemp. query_ headpos ( ) ) = = IDENTITY) {  //
LC_ HEADTONE_ MUST
                    sr. sp [iOpCount]. sandhi_ count = LC
_ VIOLATED;
                    break;
                }
                sr. sp [iOpCount]. sandhi_ count++;
                operation_ space (&tpFirstTemp, iFirst,
&space_ temp);
            } while ( ! legality _ evaluate
(&tpFirstTemp, iFirst, &tpSecond, iSecond) );
            strcpy (sr. sp [iOpCount]. pattern, tpFirst-
Temp. query_ pattern (iFirst) ); //保存变调结果
        } //end for iOpCount
```

第十章 基于声调理论的变调自动化处理研究

//比较各变调操作的经济性,输出最优变调结果

```
        SANDHIPROCESS spTemp;
        for ( int x = 0; x < space. query_ elementnum
( ); x++) {
            for ( int y = x + 1; y < space. query_
elementnum ( ); y++) {
                if ( sr. sp [ x ] . sandhi_ count > sr. sp
[ y ] . sandhi_ count) {
                    spTemp = sr. sp [ x ];
                    sr. sp [ x ] = sr. sp [ y ];
                    sr. sp [ y ] = spTemp;
                }
            }
        }
        cout << sr. sp [ 0 ] . pattern << tpSecond. query
_ pattern ( iSecond) << endl;
      } //end if legality_ evaluate
    } //end for iSecond
  } //end for iFirst
```

将(39)的算法在计算机上实现,可得到输出结果如(40)。其中调型组合1、4、6、16均因满足变调触发条件而需要变调。通过对变调操作空间中各种候选操作进行变调经

济性评估①,然后选择其中经济性最高的变调操作对原声调组合施以变调作用,即可得到相应变调组合的最终变调形式。

(40) 天津话二字组连读变调
==Licensing Constraint (s): （允准制约条件）
  <LC_ OCP1>
  <LC_ HEADTONE_ MUST>
==Head Position: （主位设定）
  <FINAL>
==Spreading Setting: （延伸设置）
  <SP_ LO_ OBLIGATORY>
  <SP_ HI_ OBLIGATORY>
==Tonal Pattern (s): （合法调型）
  HL
  LH
  _ H
  _ L
==Lexicon Spreading Restriction Mark: （词库延伸限制）
  < SPREADING_ LEXICONNOTALLOWED_ NOTSET>
==Surface Phonetic Representation: （声调表层表达）

---

① (40) 中带*号的变调过程在变调经济性上逊于不带*号者。

HL   51
LH   15
<u><</u>H   55
<u><</u>L   11

= = Disyllabic tone sandhi：   （二字组连读变调）

  1   HLHL   ！！！！ <u><</u>LHL（DEL NONHEAD）；<u><</u>HHL（DEL HEAD） *

  2   HLLH   HLLH

  3   HL<u><</u>H   HL<u><</u>H

  4   HL<u><</u>L   ！！！！   <u><</u>H<u><</u>L（DEL HEAD）；<u><</u>L<u><</u>L（DEL NONHEAD）*

  5   LHHL   LHHL

  6   LHLH   ！！！！ <u><</u>HLH（DEL NONHEAD）；<u><</u>LLH（DEL HEAD）*

  7   LH<u><</u>H   LH<u><</u>H

  8   LH<u><</u>L   LH<u><</u>L

  9 <u><</u>HHL   <u><</u>HHL

10 <u><</u>HLH   <u><</u>HLH

11 <u><</u>H<u><</u>H   <u><</u>H<u><</u>H

12 <u><</u>H<u><</u>L   <u><</u>H<u><</u>L

13 <u><</u>LHL   <u><</u>LHL

14 <u><</u>LLH   <u><</u>LLH

15 <u><</u>L<u><</u>H   <u><</u>L<u><</u>H

16 <u><</u>L<u><</u>L   ！！！！   LH<u><</u>L（DEL HEAD）；HL<u><</u>L（ADD NONHEAD HIGHTONE）*；LL<u><</u>L（ADD NONHEAD LOWTONE）*

(41)是天津话三字组连读变调的管辖音系学分析模型,它为天津话三字组的变调方向性问题提供了音系学解释。其中变调的单方向假设在工程上实现也有着简化算法的优势。

(41) 天津话三字组连读变调
变调全域:三字组;
变调触发条件:同二字组变调触发条件;
变调搜索方向:右向搜索;
变调制约条件:前二字组变调尝试过程中,对于中字调型呈弱势管辖的三字组,变调全域内不允许因变调而产生违反 OCP2(*XY.XY, X, Y ∈ {H, L}; X≠Y)或 OCP(*LL.LL)的调型组;如产生,则放弃当次变调尝试,往下搜索变调可能性。

二 丹阳话二字组连读变调机制

丹阳话的变调现象十分复杂,变调后的字调与单字调没有明显而整齐的对应关系。不同的单字调有可能变为相同的变调,而某个单字调也有可能在不同的环境下变成不同的变调。

图 20 是丹阳话连读变调的管辖音系学模型,图 21 是该模型程序实现对由 1345 个二字组构成的测试集进行模拟测试的截图。该模型模拟了母语习得者变调字组的习得路径。其中前、后字底层形式的确定包括:根据前字的分类标准,指派前字类别,确定前字形式 [<H, _ H(E), _ H(C), _ _];根据后字的分类标准,指派前字类别,确定后字类

第十章 基于声调理论的变调自动化处理研究

别（A、B）。主要变调式的音系过程为：A 类后字致前字主位调删除，B 类后字不影响前字调型；后字调型删除；前字声调向后延伸；判断是否违反 OCP，并选择相应音系过程。而次要变调式的音系过程为：A 类后字致前字（甲乙丙）主位调延伸，B 类后字致前字主位调删除（丁类为增加）；后字调型删除；前字声调向后延伸；判断是否违反 OCP，并选择相应音系过程。

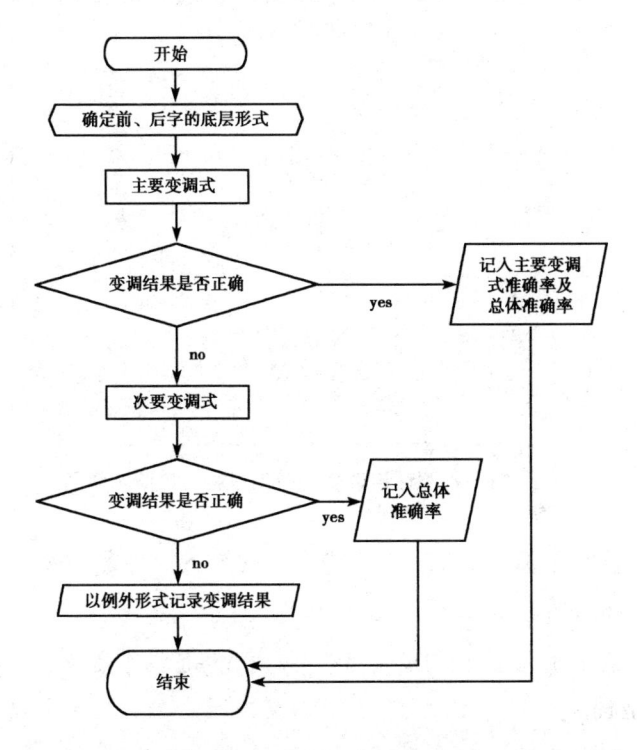

图 20　丹阳话连读变调习得路径暨算法流程

母语者在习得以上变调"规则"后，如按主要变调式变调，产生正确结果的比例分别为：

首字平清：87.0%（42-11）、60.3%（55-55）；
首字平浊：41.7%（42-11）、85.2%（24-55）；
首字仄清：74.4%（33-33）、68.8%（42-24）；
首字仄浊：65.7%（11-11）。

若按主要调型变调出现错误结果，则按次要变调式进行变调，这样获得正确结果的比例分别达到（见图21）：

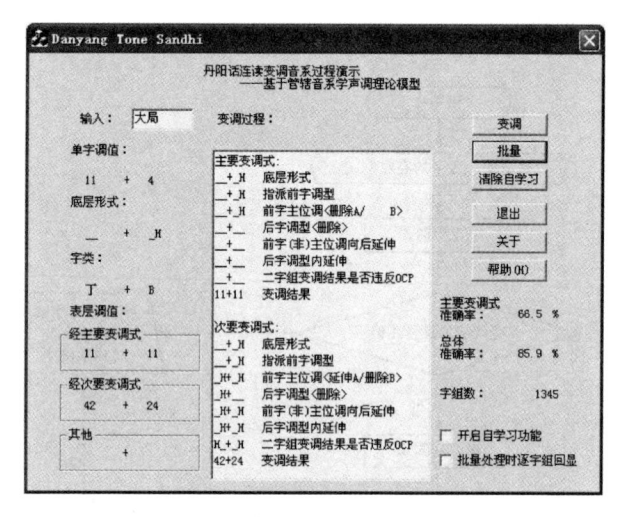

图 21 丹阳话连读变调音系过程程序演示截图

首字平清：4.3%／13.0%①（55-55）、25.5%／39.7%（42-11）；

首字平浊：43.1%／58.3%（55-55）、7.9%／14.8%（42-11）；

首字仄清：11.6%／25.6%（42-24）、25.7%／31.2%（33-33）；

---

① 斜线后的比例是除主要变调以外总的剩余比例。

首字仄浊：27.5% / 34.3% (42-24)。

因此，只需依据简单的两种变调模式，母语者就能将连读变调的准确性达到相当高的水平：

首字平清：91.3% (42-11, 55-55)[①]、85.8% (55-55, 42-11)；

首字平浊：84.8% (42-11, 55-55)、93.1% (24-55, 42-11)；

首字仄清：86.0% (33-33, 42-24)、94.5% (42-24, 33-33)；

首字仄浊：93.2% (11-11, 42-24)。

管辖音系学声调理论的解释与算法设计为丹阳话复杂的变调现象提供了简明的解决方案。其理论贡献主要表现在：(1) 通过对管辖关系做强、弱势的区分，明确了在仄声前字向后延伸时，后字的管辖类别所起的决定性作用——不同管辖关系的后字对前字调型起到不同的支配作用。(2) 入清字作为后字时跨 A、B 两类分布也能找到理论根据。因为入清的音系表征为 (H) _，呈弱势管辖，弱势管辖对前字仄清选择_ H (C) 的实现不起作用，所以在仄声后入清字归 A 类，而在平声后则归 B 类。(3) 丹阳话变调中只有前进型变调，而无后退型变调，也没有首尾定调或嵌入式变调。丹阳话的变调其实如吕叔湘所认为的那样，变调组的首字调与其历史调类有对应关系，后字是前字调的延伸结果，在Ⅲ式中确实存在异化过程。异化操作在音系上的解释就是主位调被删除及自动邻接。异化操作受制于 OCP2 (*XY.XY，X，Y

[①] 括号内前者为主要变调，后者为次要变调。

∈ {H, L}；X≠Y），而此 OCP 在丹阳话中仅有 24-24 连调组适用。以上理论贡献表现在工程算法上就是简化算法，并为过程处理提供语言学理论支持。

第四节　小结

在计算机上模拟实现根据语言理论构建的音系处理模型能让我们了解该理论的可计算性和算法的复杂度。以丹阳话变调为例，变调后的调值与变调前的单字调没有整齐的对应关系，所以二字组及多字组中变调字的调值似乎无法用规则推导。这种单字调与变调之间多对多的对应关系在某些音系理论［如包智明（Bao，1990）］中需要建立与单字调分离的变调集［按包智明（Bao，1990）的处理就是词调］。字组进入变调过程需抛弃单字调，而赋予词调再经历变调音系过程。若依这种音系模型构建变调自动模型，势必在建立单字调值库之外，还需将所有不同环境下变调字的调值也建库以供检索。这种处理方式不够经济，也没有充分运用语言学的研究成果。若以管辖音系学声调理论为理论依据，则仅需依据普遍制约条件并辅之以有限的变调操作就能建立起丹阳话的变调算法。

天津话三字组连读变调所涉及的变调方向性问题也引起音系学界的广泛讨论。如果认为变调确实存在方向性，并且不同的变调式可能采用不同的变调方向，这就要求变调算法采取条件分支处理的方式。但如果认为变调仅有一个方向，也就是只需要设定单方向处理机制的话,那么变调算法将不再需要为不同的变调式人为设定条件分支处理模块,仅仅需要核查变调过程是否违反 OCP（Obligatory Contour Principle,强制曲拱原则）,进而采用不同的处理方式。显然,这种朝不同处理方式流向的判断机制不是来自语言系统的外部（即根据不同的字组进行人为指定）,而是来自具有语言学普遍意义的 OCP 原则。

最后值得一提的是,本章虽未提及汉语普通话的连读变调,但我们仍可将其纳入本研究的跨方言声调生成和变调系统。普通话的连读变调中具有音系学意义的仅有"上上"变调。其变调过程虽不算复杂,但如果计算机处理模型对此变调过程进行模拟时,采用将前字上声调直接向阳平调整体转换的算法,就体现不了当代音系学关于声调结构的研究与自然语言计算机自动处理的有机结合。某个底层调为何恰恰变为某个表层调,而不是其他的调?如果能从音系结构出发为其找到理据并在计算机算法中得以简明实现,那将大大减少算法的随意性,并将提高算法的通用性。也就是说,在普通话的变调算法与天津话的变调算法,乃至其他方言的变调算法中,将重用相同的变调算法内核。

第十一章

结　语

　　管辖音系学严格遵循生成语言学的理论目标和研究方法，具有论证严谨、体系简约等特点，其分析范式极具特色，在国外音系学界影响颇大。尤其在音段结构、音节结构和韵律结构等领域取得了重要的进展。

　　Kaye（2001）提出了管辖音系学声调理论的基本框架，其中包括声调的基本表征单位、声调表达式的构成以及允准制约（licensing constraint）原则等等，并对汉语普通话、广州话等方言的声调系统做了初步描写。但该理论框架仅涉及声调的表征，对声调音系过程的解释着墨甚少，也没有完整的声调音系过程理论。

本研究遵循管辖音系学的基本原则，对 Kaye（2001）提出的管辖音系学声调雏形理论进行修正及拓展，并提出了较为完整的声调音系过程理论。在此基础上对汉语若干方言及壮语等语言的声调材料进行分析和解释，以论证理论的可行性和解释力。由此可以结论：

　　该理论能对声调语言进行合适声调表征，其表达能力强大，且表征系统简约紧凑；能对汉语中困扰人们已久的多种变调难题（如天津话的变调方向性问题、丹阳话的变调复杂性问题、厦门话与德州话变调环的动因问题等）给出了原则性的统一解释。

　　基于该理论的变调自动化处理模型具有跨方言的算法内核一致性、算法代码精简性以及方便的可移植性等特点。根据管辖音系学声调理论，将声调的独值表征、变调操作的原则性制约转换成工程算法，对于语音合成及识别中变调算法的精简化、提高合成语音的自然度，都将产生积极作用。在此理论框架内针对变调自动化算法的研究与探索具有可持续的研究价值和广阔的应用前景。

参考文献

Bao, Zhi-Ming (包智明). 1990. *On the Nature of Tone*. Ph. D. diss., MIT, Cambridge, MA.

Bao, Zhi-Ming (包智明). 1999. *The Structure of Tone*. New York: Oxford University Press.

Chan, M. K. M. 1991. Contour-tone spreading and tone sandhi in Danyang Chinese. *Phonology*, 8, 237-259.

Charette, M. 1990. Licence to govern. *Phonology*, 7 (2), 233-253.

Chen, M. Y. (陈渊泉) 1986. The paradox of Tianjin tone sandhi. *Proceedings of Chicago Linguistic Society Meeting*, 22,

98-114.

Chen, M. Y. (陈渊泉) 1986. An overview of tone sandhi phenomena across Chinese dialects. Paper presented at the Conference on Languages and Dialects of China.

Chen, M. Y. (陈渊泉) 2000. *Tone Sandhi Patterns Across Chinese Dialects*. Cambridge: Cambridge University Press.

Chen, M. Y. (陈渊泉) 2001.《汉语方言的连读变化变调模式》,外语教学与研究出版社。

Cheng, R. L. 1973. Some notes on tone sandhi in Taiwanese. *Linguistics*, 100, 15-25.

Chung, R. -F. 1989. *Aspects of Kejia Phonology*. Ph. D. diss., University of Illinois, Urbana-Champaign.

Clements, G. N., & Keyser, S. J. 1983. *CV Phonology: A Generative Theory of the Syllable*. Cambridge, MA: MIT Press.

Cobb, M. 1993. Licensing constraints and vowel harmony in Uyghur. *SOAS Working Papers in Linguistics and Phonetics*, 3, 40-64.

Cobb, M. 1997. *Conditions on Nuclear Expressions in Phonology*. Ph. D. diss., University of London, London.

Divi, V., & Pou, A. 2000. Treatment of unilateral adductor vocal cord paralysis. In F. B. Quinn, Jr., ed., *Grand Rounds Presentation*, UTMB, Dept. of Otolaryngology. Available at: http://www.otohns.net/default.asp?id=13095.

Duanmu, S. (端木三) 1990. *A Formal Study of Syllable, Tone, Stress and Domain in Chinese Languages*. Ph. D. diss., MIT, Cambridge.

Duanmu, S. (端木三) 1994. Against contour tone units. *Linguistic Inquiry*, 25 (4), 555–608.

Duanmu, S. (端木三) 2000. *The Phonology of Standard Chinese*. Oxford: Oxford University Press.

Duanmu, S. (端木三) 2007. *The Phonology of Standard Chinese* (2nd ed). Oxford: Oxford University Press.

Goh, Yeng-Seng (吴英成). 1997. *The Segmental Phonology of Beijing Mandarin*. Taipei: The Crane Publishing.

Gussmann, E., & Kaye, J. D. 1993. Polish notes from aDubrovnik cafe. *SOAS Working Papers in Linguistics and Phonetics*, 3, 427–462.

Harris, J. 1990. Segmental complexity and phonological government. *Phonology*, 7 (2), 255–300.

Harris, J. 1994. *English Sound Structure*. Oxford: Blackwell.

Harris, J., & Lindsey, G. 1995. The elements of phonological representation. In J. Durand & F. Katamba (eds.), *Frontiers of Phonology* (pp. 34–79). Harlow, Essex: Longman.

Hung, T. (洪同年) 1987. Tianjin tone sandhi: towards a unified approach. *Journal of Chinese Linguistics*, 15 (2), 274–305.

Idsardi, W. 1997. Sympathy creates chaos. Unpublished manuscript. Newark, DE: University of Delaware. http://www.ling.udel.edu/idsardi/work/1997sympathy.pdf.

Ito, J. & Mester A. 2001. Structure preservation and stratal opacity in German. In L. Lombardi, ed., *Segmental Phonology* in *Optimality Theory* (pp. 261-295). Cambridge: Cambridge University Press.

Jensen, S. 1994. Is ʔ an element? Towards a non-segmental phonology. *SOAS Working Papers in Linguistics and Phonetics*, 4, 71-78.

Kager, R. 1999. *Optimality Theory*. Cambridge: Cambridge University Press.

Kaye, J. 1990a. 'Coda' Licensing. *Phonology*, 7 (2), 301-330.

Kaye, J. 1990b. Government in phonology: the case of Moroccan Arabic. *The Linguistic Review*, 6, 131-159.

Kaye, J. 1992a. Do you believe in magic? The story of s+C sequences. *SOAS Working Papers in Linguistics and Phonetics* 2: 293-313. Reprinted in H. Kardela and B. Szymanek, eds., *A Festschrift for Edmund Gussmann*. Lublin: Lublin University Press. Pp. 155-176.

Kaye, J. 1992b. On the interaction of theories of Lexical Phonology and theories of phonological phenomena. In U. Dressler, H. Luschützky, O. Pfeiffer & J. Rennison (eds.), *Phonologica* 1988 (pp. 141-155). Cambridge: Cambridge University Press.

Kaye, J. 1993. *Lectures on Current Issues in Phonology*. SOAS, University of London.

Kaye, J. 1995. Derivations and interfaces. In J. Durand & F. Katamba (eds.), *Frontiers of Phonology: Atoms, Structures, Derivations* (pp. 289-332). London & New York: Longman.

Kaye, J. 2001. A short theory about tones. Unpublished manuscript, http: //134. 59. 31. 7/~scheer/scan/Kaye01shorttoneMs. pdf.

Kaye, J. & Lowenstamm, J. 1981. Syllable structure and markedness theory. In A. Belletti, L. Brandi, and L. Rizzi, (eds.), *Theory of Markedness in Generative Grammar*. Pisa: Scuola Normale Superiore. Pp. 287–315.

Kaye, J., Lowenstamm, J., & Vergnaud, J. -R. 1985. The internal structure of phonological elements: A theory of charm and government. *Phonology Yearbook*, 2, 305–328.

Kaye, J., Lowenstamm, J., & Vergnaud, J. -R. 1990. Constituent structure and government in phonology. *Phonology*, 7 (2), 193–231.

Kaye, J., & Ploch, S. (eds.) 2003. *Living on the Edge: 28 Papers in Honour of Jonathan Kaye*. Berlin; New York: M. de Gruyter.

Kiparsky, P. 1973. "Elsewhere" in phonology. In S. Anderson and P. Kiparsky (eds.), *A Festschrift for Morris Halle*, (pp. 93–106). New York: Holt, Rinehart & Winston.

Kiparsky, P. 2000. Opacity and cyclicity. *The Linguistic Review*, 17, 351–367.

Leben, W. 1973. *Suprasegmental Phonology*. Ph. D. diss., MIT, Cambridge, MA.

Lin, J. -W. 1994 Lexicalgovernment and tone group formation in Xiamen Chinese. *Phonology*, 11 (2), 237–275.

Liu, Te-Hsin (刘德馨). 2008. A fresh look at the paradoxical nature of Chinese contour tones. In S. Blaho, C. Constantinescu, and E. Schoorlemmer, (eds.), *Proceedings of the ConSOLE XV*. Leiden: SOLE. Pp. 149-163.

McCarthy, J. J. 1986. OCP effects: gemination and antigemination. *Linguistic Inquiry*, 17 (2), 207-263.

McCarthy, J. J. 1999. Sympathy and phonological opacity. *Phonology*, 16, 331-399.

McCarthy, J. J. 2002. Comparative markedness [R/OL]. (ROA #489). http://roa.rutgers.edu/view.php3?roa=489

McCarthy, J. J. 2007. *Hidden Generalizations: Phonological Opacity in Optimality Theory*. London: Equinox.

McMahon, A. M. S. 2000. *Change, Chance, and Optimality*. Oxford & New York: Oxford University Press.

Ploch, S. 1995. French Nasal Vowels—A First Approach. *SOAS Working Papers in Linguistics & Phonetics*, 5, 91-106.

Tan, F. (谭馥) 1987. Tone sandhi in the Tianjin dialect. *Journal of Chinese Linguistics*, 15 (2), 228-246.

Xu, Z. (许卓) 2001. Phonological analysis of Hongkui To. Ph. D. diss., Guangdong University of Foreign Studies, Guangzhou.

Yip, M. 1980. *The Tonal Phonology of Chinese*. Unpublished Ph. D. diss., MIT, Cambridge.

Yip, M. 1988. The obligatory contour principle and phonological rules: a loss of identity. *Linguistic Inquiry*, 19 (1), 65-100.

Yip, M. 1989. Contour tones. *Phonology*, 6, 149-174.

Yip, M. 1990. *The Tonal Phonology of Chinese*. New York: Garland Pub.

Yip, M. 2002. *Tone*. Cambridge/New York: Cambridge University Press.

Ziková, M. 2008. Why are case markers in the Czech nominal declension not cyclic suffixes? In F. M. R. Zaucer (ed.), *Studies in Formal Slavic Linguistics* (pp. 325–335). Frankfurt am Main.

包智明、侍建国、许德宝：《生成音系学理论及其应用》，中国社会科学出版社1997年版。

蔡培康：《武鸣壮话的连读变调》，《民族语文》1987年第1期。

曹延杰：《德州方言志》，语文出版社1991年版。

陈忠敏：《汉语方言连读变调研究综述（续）》，《语文研究》1993年第3期。

笪远毅：《论镇江方言北化》，江苏大学学报（高教研究版）1985年第2期。

广州市地方志编纂委员会，方言志，广州市志。http://www.gzsdfz.org.cn/gzsz/18/fy/frameest.htm，2008-07-20。

贺俊杰：《管辖音系学的声调理论：发展及应用》，《当代语言学》2010年第3期。

黄典诚、李如龙：《福建省志·方言志》，方志出版社1998年版。

黄平文：《壮语连读变调探析》，《民族语文》2000年第5期。

李兵：《优选论中的音系晦暗性：问题与发展》，《外语教学与研究》2005年第3期。

李方桂：《龙州土语》，商务印书馆1940年版。

李洪彦、蓝庆元、孔江平：《壮语龙州话声调的声学分析》，《民族语文》2006年第6期。

李如龙：《厦门话的变调和轻声》，《厦门大学学报》（哲学社会科学版）1962年第2期。

李世瑜：《说天津话的人怎样学习普通话》，《中国语文》1956年第4期。

李小凡：《汉语方言连读变调的层级和类型》，《方言》2004年第1期。

李小凡：《释厦门、苏州、庆元（竹口）方言的声调变异》，《陕西师范大学学报》（哲学社会科学版）2004年第5期。

李行健、刘思训：《天津方言的连读变调》，《中国语文》1985年第1期。

李越：《试论管辖音系学音段质量分离表征的合理性》，《四川外语学院学报》2008年第4期。

梁敏、张均如等：《壮语方言研究》，四川民族出版社1999年版。

刘俐李：《20世纪汉语连读变调研究回望》，《南京师范大学文学院学报》2002年第2期。

路继伦：《天津方言中的一种新的连读变调》，《天津师大学报》（社会科学版）1997年第4期。

吕叔湘：《丹阳方言的声调系统》，《方言》1980年第2期。

罗常培：《厦门音系》，载《罗常培文集（第1卷）》，山东教育出版社 1930 年版。

马秋武：《生成音系学的声调表征理论》，《外语教学与研究》1999 年第 3 期。

马秋武：《管辖音系学：一种以制约为基础的音系学理论》，《解放军外国语学院学报》2000 年第 1 期。

马秋武：《管辖音系学的基本理论及最新发展》，《当代语言学》2000 年第 4 期。

马秋武：《"天津话连读变调之谜"的优选论解释》，《中国语文》2005 年第 6 期。

马秋武：《再论"天津话连读变调之谜"》，《当代语言学》2005 年第 2 期。

［日］平山久雄：《厦门话古调值的内部拟测，载平山久雄》，2005，《平山久雄语言学论文集》，商务印书馆 1981 年版。

［日］平山久雄：《从声调调值演变史的观点论山东方言的轻声前变调》，《方言》1998 年第 1 期。

石锋：《天津方言双字组声调分析》，《语言研究》1986 年第 1 期。

石锋：《再论天津话声调及其变化——现代语音学笔记》，《语文研究》1990 年第 2 期。

侍建国：《汉语声调与当代音系理论》，《当代语言学》1997 年第 1 期。

侍建国：《丹阳话的"嵌入式"变调》，《中国语文》2008 年第 4 期。

孙华先：《南京方言声调的若干问题》，《南京晓庄学院学报》2003 年第 1 期。

谭馥：《也谈天津方言的连读变调》，《中国语文》1986年第 6 期。

汪平：《常州方言的连读变调》，《方言》1988 年第 3 期。

王洪君：《汉语非线性音系学》，北京大学出版社 1999年版。

王嘉龄：《优选论和天津话的连读变调及轻声》，《中国语文》2002 年第 4 期。

王萍：《邯郸话的声调分析》，硕士学位论文，天津师范大学外国语学院，2001 年。

王晓梅：《天津方言三字组的连读变调》，《中国语文》2003 年第 2 期。

吴英成：《北京话是单音节语言的质疑》，《当代语言学》2000 年第 4 期。

吴英成：《音系与词法交叉：北京话词语内部结构分析》，见《第六届全国现代语音学学术会议论文集》，天津社会科学院出版社 2003 年版，第 452—457 页。

吴宗济、林茂灿：《实验语音学概要》，高等教育出版社 1989 年版。

邢向东：《神木方言的两字组连读变调和轻声》，《语言研究》1999 年第 2 期。

叶祥苓：《苏州方言的连读变调》，《方言》1979 年第 1 期。

袁家骅等：《汉语方言概要》，文字改革出版社 1989年版。

袁家骅等：《汉语方言概要》，语文出版社 2001 年版。

张洪年:《镇江方言的连读变调》,《方言》1985年第3期。

张洪年:《早期粤语中的变调现象》,《方言》2000年第4期。

张盛裕:《潮阳方言的连读变调》,《方言》1979年第2期。

张元生:《壮语连读变调规律及其与语法的关系》,载中央民族学院少数民族语言研究所编,《民族语文研究》,四川民族出版社1983年版。

周长揖:《厦门方言词典》,江苏教育出版社1993年版。

朱晓农:《亲密与高调——对小称调、女国音、美眉等语言现象的生物学解释》,《当代语言学》2004年第3期。

左岩:《优选论的最新进展之一——共感理论》,《现代外语》1999年第3期。

后　　记

　　本研究的开展，离不开此前柯翰源先生在形式语言学和音系学基础理论方面的熏陶和教导，也离不开南开大学博士后在站期间李兵老师的指点和支持。本书部分章节内容曾在《当代语言学》《方言》《南开语言学刊》和《清华大学学报》（自然科学版）等杂志刊载，在此，要向匿名审稿人和编辑部同仁表示衷心的感谢。同时，作为国家社会科学研究项目的最终成果，本书此前研究报告的版本得到了结项评审专家的肯定和富有建设性的评点，课题最终以良好级别结项，笔者也要向他们表示诚挚的谢意。此外，还要向中国社会科学出版社任明编审表达由衷的感谢，在本书的出版过程中任明编审给予了大力支持。最后，感谢国家社会科学基金管理办公室及项目立项评审专家给予本课题的立项，以及陕西师范大学在本书出版过程中给予的资助。